Wolfgang Fach
Not der Tugend
Tugend der Not

Wolfgang Fach

Not der Tugend — Tugend der Not

Frauenalltag und feministische Theorie

Leske + Budrich, Opladen 1994

ISBN 978-3-322-96008-5 ISBN 978-3-322-96007-8 (eBook)
DOI 10.1007/978-3-322-96007-8

Satz: Leske + Budrich

Inhalt

Vorwort

Dieser Essay behandelt das Phänomen der *doppelten Belastung* von Frauen, die zugleich „ihren" Haushalt in Ordnung halten und einem „normalen" Beruf nachgehen (wollen/müssen).Er konzentriert sich auf zwei Seiten einer dialektischen Situation:

- einmal das naheliegende Faktum, daß eine zweifache Belastung die Arbeitshetze intensiviert, den Streß *intensiviert* und die freie Zeit so weit „auffrißt", daß ein humanes Leben ausgeschlossen bleibt: die *Not der Tugend*;
- zum andern der weniger leicht zugängliche, gleichwohl reale Sachverhalt, daß Belastungen auch Herausforderungen darstellen, Bewährungsproben mit der Chance zu persönlicher Entwicklung und strategischer Entfaltung: die *Tugend der Not.*

Beide Seiten gehören untrennbar zusammen. Wie ihr Verhältnis im einzelnen verläuft, ist eine offene Frage. Vermutlich folgt es jener „Laffer-Kurve", die einige Zeit lang in der wirtschaftswissenschaftlichen Diskussion eine Rolle spielte: d.h., bis zu einem gewissen Maximum fördern zusätzliche Belastungen die Entfaltung der Persönlichkeit; was darüber hinausgeht, löst regressive Veränderungen aus. Den Umschlagpunkt gälte es theoretisch zu bestimmen und praktisch zu stabilisieren.

Diese Postulate sind natürlich nicht neu; während der letzten rund 20 Jahre hat es ausführliche Debatten gegeben, daneben auch gewisse „reale" Fortschritte. Insofern bewegt sich der Bericht auf bekanntem Terrain. Allerdings ist das auch ein umstrittenes Terrain, politisch und analytisch: Unklarheiten bestehen weiter, Kontroversen halten an, es gibt immer noch weiße Flecken. Darum sind ergänzende „Wortmeldungen" nicht überflüssig – sei es, weil sie neue Zusammenhänge entdecken, sei es dadurch, daß sie andere Perspektiven vorschlagen, sei es aus dem einfachen Grunde, daß sich erkannte Sachverhalte bestätigen. Der folgende Versuch, auf diese Weisen in eine laufende Diskussion einzugreifen, stützt sich auf Vorarbeiten, die innerhalb eines größeren Forschungsprojekts entstanden sind[1]. Ihr *Thema* war die doppelte Belastung von berufstätigen „Hausfrauen“, im allgemeinen und unter der erschwerten Bedingung „turbulenter“ Arbeitsplatz-Bedingungen. Ihr Ort waren verschiedene Postämter, die Mitte der 80er Jahre automatische Briefverteilungsanlagen installiert haben (Tübingen, Dortmund, Bochum) bzw. dadurch in Mitleidenschaft gezogen wurden (Reutlingen).

1 Projekt Nr.78 des NRW-Landesprogramms „Mensch und Technik – Sozialverträgliche Technikgestaltung“: Entwicklung der Arbeitsstrukturen bei der Deutschen Bundespost durch die zunehmende Anwendung von neuen Technologien und ihre Auswirkungen auf die Lebens- und Arbeitsbedingungen von Frauen (Untersuchungsteil Tübingen/Reutlingen/Metzingen bearbeitet von Regine Marquardt, Nicola Poppe und Marion Weber; Untersuchungsteil Dortmund/Bochum geleitet von Ursula Schumm-Garling und bearbeitet von Margit Löcherbach), Dortmund/Konstanz 1989. In einer späteren Phase hat die Sache von der Mitarbeit Annette Ringwalds profitiert.

0. Einleitung: Not und Tugend

Aus der Not eine Tugend machen: im Zusammenhang mit der Plackerei von Frauen, die einen doppelten Arbeitstag – im Betrieb und Zuhause – ableisten müssen, mag diese Redewendung zynisch klingen. Das soll nicht sein und ist nicht so. Was bringt sie zum Ausdruck? Jedenfalls nicht, daß die Not keine „wirkliche" Not sei oder durch das Verhalten der Notleidenden in etwas anderes als Not transformiert würde. Wenn von Tugend die Rede ist, dann von einer Tugend der *Not*. Allerdings liegt darin auch beschlossen, daß die betroffenen Frauen (nicht alle und nicht unter allen Umständen) imstande sind, ihre Not zu „wenden", will heißen: mit ihr fertig zu werden und in diesem Kampf persönliche Qualitäten zu entwickeln, die den Männern (wiederum nicht allen und unter allen Umständen) fehlen.

So ist einerseits – in der großen Perspektive – richtig, daß die „Frauen sich in ihren Kämpfen mit den Widersprüchen von Haus- und Lohnarbeit nicht befreit haben".[1] Festhalten kann man auch den extremen, über sichtbare Strapazen noch hinausgehenden Leistungsanspruch in jedem einzelnen Fall: „Die Erfahrung der Doppelbelastung stellt beide Bereiche, Beruf und Haus, als Arbeitsbereiche bloß, als sehr unterschiedlich strukturierte allerdings – mit der Konsequenz, daß zu einer dritten Belastung jener Kraftakt geraten muß, mittels dessen die unterschiedlichen, ja teils gegensätzlichen Anforderungen beider Sphären nur zu vereinen sind."[2] Und verständlich ist schließlich die verbreitete Empörung über den schnörkellosen Egoismus des gewöhnlichen „Lebenspartners": Es gibt „wenigstens zwei Unterschiede zwischen männlichen und weiblichen Arbeitern. Wenn ein Mann von der Arbeit kommt, geht er in eine Kneipe, um Dampf abzulassen, und anschließend setzt er sich zu Hause vor den Fernseher. Um etwas anderes zu tun, ist er angeblich zu müde. Wenn eine Arbeiterin von der Schicht... nach Hause kommt, erwarten sie Stunden der Hausarbeit und Kinderbetreuung. Am

1 Myra Marx Ferree, Family and Job for Working-Class Women: Gender and Class Systems from Below, in: Gerstel/Gross (Hg.), Families and Work, Philadelphia 1987, 289ff.(299)

2 Barbara Sichtermann, FrauenArbeit, Berlin 1987, 16.

Wochenende wird ein Arbeiter vielleicht auf den Sportplatz gehen, während eine Arbeiterin erledigt, was im Haushalt liegen geblieben ist.“[3]

Aber diese Not produziert eben auch Tugenden. Die Idee des „wertvollen“ Leidens ist keineswegs neu. Man muß nicht gleich den ideologischen Spruch klopfen, daß „Arbeit adelt“, um die historische, vielleicht sogar ontologische Qualität der Selbstverausgabung zu erkennen – und umgekehrt die Regression jener, die sich vor Mühsal über Gebühr schützen. Zum Beispiel hat Karl Polanyi in seiner klassischen Analyse des Übergangs zur bürgerlichen Gesellschaft darauf insistiert, daß ein Zuviel an Entlastung den Charakter verderbe. Denn befördert würden so „Arbeitsscheu und vorgespiegeltes Unvermögen“; auch gingen unweigerlich der „erworbene Anstand und Selbstrespekt“ verloren.[4] Ins Prinzipielle gewendet wird diese Einsicht in Hegels „Phänomenologie des Geistes“, dort wo das Verhältnis von „Herr“ und „Knecht“ zur Debatte steht (man könnte auch sagen: von Hausherr und Ehefrau). Danach ist die Macht des Herrn „rein negativ“, d.h. purer Genuß ohne produktive Arbeit, während der Knecht aus seiner Plakkerei, dem Bearbeiten eines Gegenstands, Sinn schöpft „*Eigensinn*, eine Freiheit, welche noch innerhalb der Knechtschaft stehen bleibt.“[5]

Solcher Eigensinn – eine Ausbeutung des Ausgebeutetseins, eine Ermächtigung durch Bearbeitung – ist die Tugend hinter allen Tugenden der Not. Von Hegel dem arbeitenden Mann zugeschrieben, findet sie sich mehr noch bei den Frauen: *innerhalb*, ja *wegen* ihrer doppelten Belastung. Mehr Arbeit = mehr Macht = mehr (Eigen)Sinn: um Bedeutungsgehalt und Geltungsbereich dieser Doppelgleichung geht es.[6]

Kapitel 1 wird in aller Kürze den Ausgangsfall, die Situation der „Postfrauen“, beschreiben und dazu weitere Fälle heranziehen, die zeigen sollen, daß nicht lokale Spezialitäten (eines schwäbischen Kleinstadtmilieus) vor-

---

3 Mary Ann Mason, The Equality Trap, New York 1988, 174.

4 Karl Polanyi, The Great Transformation, Frankfurt 1978, 142.

5 G.W.F. Hegel, Phänomenologie des Geistes, Frankfurt-Berlin-Wien, 1970, 119f.; den Rückgriff auf diese klassische Stelle schlägt auch Jane Flex vor (Gender as a Problem: In and For Feminist Theory, in: Amerikastudien, 31, 1986, 193 ff.). Hegels Verabsolutierung ist natürlich mit Vorsicht zu genießen, weil sie eine bestimmte Arbeitsform zur allgemeinen erhebt; im Kern beschreibt er freilich das Los durchschnittlicher Arbeiterinnen, denen andere Optionen der „Charakterbildung“ ebensowenig offenstehen wie ihren Männern.

6 Hinzufügen könnte man: mehr Disziplin. Dann wäre auch die negative Seite des Steigerungsverhältnisses erfaßt: das Einüben von „Ruhe – Ordnung – Fleiß“ (so ein Anstalts-Motto aus dem alten Wien und der Titel einer Untersuchung von Mathias M. Ester über „Disziplin, Arbeit und Verhaltenstherapie in der Irrenanstalt des frühen 19. Jahrhunderts, in: Archiv für Kulturgeschichte, 71, 1989, 349ff.). Doch wird sich zeigen, daß keine Gleichung – und diese vielleicht am allerwenigsten – bruchlos aufgeht.

geführt, sondern typische, anderswo wiederkehrende Verhältnisse beschrieben werden.[7] Zwangsläufig stellt sich im Zuge eines derartigen Vergleichs auch die Frage nach dem Zusammenhang von „Geschlecht und Charakter". Thema des 2. Kapitels ist die Eingrenzung dessen, was unter den gegebenen Umständen – materielle Lage, soziale Situation, Lebensperspektive, Zeithorizont der betroffenen Frauen – jener besagte „Eigensinn" bedeutet. Teil 3 verfolgt den Eigensinn auf seinem Weg durch die alltägliche Praxis von doppelt (oder dreifach) belasteten Frauen; gezeigt wird, wo er einhakt, welche Taktiken er anwendet, aber auch, wie er sich selbst das Leben manchmal schwer macht. Kapitel 4 schlägt den Bogen vom niederen Leben zur hohen Theorie, mit dem Ziel herauszufinden, welche Verhaltensweisen dort oben diskutiert und vorgeschlagen werden, um die Tugend von ärgerlichen Restbeständen der Not zu befreien. Das 5. Kapitel geht über angemessene Maximen einer weiblichen „Lebensführung" (Max Weber) unter Belastung – die dann im 6. mit theoretisch gedachten oder praktisch verfolgten Alternativen konfrontiert werden.

7 Die Vergleichsstudien entstammen samt und sonders dem angelsächsischen Raum; über hiesige Verhältnisse informieren andere Publikationen. Vgl. etwa Carmen Tatschmurat, Zwanzig Jahre Frauenforschung: Zwischenbilanz, in: Soziologische Revue, 13, 1990, 272ff. Die gleiche Beschränkung gilt für spätere „Ausritte" in theoretische Gefilde; über den dabei möglichen Erkenntnisgewinn finden sich einige allgemeine Hinweise bei Christiane Lemke, Der Staat in der amerikanischen Frauenforschung, in: Leviathan 1, 1990, 239ff.

1. Situation, Geschlecht und Charakter

Das Ausgangsprojekt[8] hat sich mit den sozialen Auswirkungen befaßt, die der Einführung von elektronischen Briefverteilungsanlagen der Deutschen Bundespost gefolgt sind. Grundsätzlich waren die Betroffenen mit zwei Prozessen konfrontiert: *Rationalisierung* und *Automatisierung*. D.h., in manchen Postämtern (hier: Reutlingen, Metzingen) sind Stellen eingespart worden, weil die Installation der leistungsfähigen Anlage mit einer Zentralisierung des Briefdienstes verbunden war – was für die Betroffenen in unserem, relativ „humanen" Beispiel meist Umsetzung bedeutet hat. Währenddessen sind im automatisierenden Postamt (Tübingen) die Beschäftigten mit einem technologischen Schub konfrontiert worden – was sie bisher von Hand erledigt hatten (Ordnen der Sendungen nach Postleitzahlen), wird nun maschinell bewerkstelligt (soweit jedenfalls „normales" Postgut anfällt; Abweichungen vom Standard, Unleserliches etwa, erzwingen weiterhin menschliche Eingriffe).

Beidemal sind fast ausschließlich Frauen von den unmittelbaren Folgen der Innovation betroffen; ihnen wird räumliche Mobilität abverlangt, sie sollen geistige Flexibilität beweisen, ihnen mutet man den Streß der Umstellung zu, sie verlieren gewohnte soziale Zusammenhänge. Natürlich werden manche mit der Herausforderung leichter fertig als andere. Die Tübinger Belegschaft etwa bestand (1988, dem Untersuchungszeitraum) zu etwa gleichen Teilen aus älteren Frauen zwischen fünfzig und sechzig, deren Kinder in den meisten Fällen schon außer Haus waren; aus Frauen in ihrer „Lebensmitte" zwischen dreißig und vierzig, die nebenher noch Familien mit abhängigen Kindern zu versorgen hatten; sowie aus „ewigen Studentinnen", die ihr Studium gegen eine Dauerbeschäftigung bei der Post eingetauscht hatten (zumindest faktisch) und gewöhnlich ohne familiären Anhang weiterhin studentischen Lebens- und Wohnformen frönten. Es liegt nahe, daß sie, die Atypischen, wenig Anpassungsschwierigkeiten hatten; der mittleren Gruppe machte der Umstellungsprozeß besonders dann zu

8 Vgl. Anm.1.

schaffen, wenn er familiäre Routinen störte (z.B. als Folge veränderter Schichtzeiten); die „Alten“ hingegen litten vor allem unter der Ungewißheit, ob sie mit der neuen Technik noch zu Rande kommen würden. Wie auch immer, die Innovation brachte keinen abrupten Bruch mit dem Gewohnten – Belastungen, wie sie tagtäglich anfallen, wurden intensiviert, wenigstens so lange, bis sich die Frauen mit der neuen Lage irgendwie arrangiert hatten.

Der zweite Untersuchungsfall[9] handelt von Frauen in verschiedenen Industriezweigen Neu-Englands, hauptsächlich Textilarbeiterinnen, daneben auch Beschäftigte in der Elektro-, Verpackungs- und Lederbranche, darunter viele Immigrantinnen. Das dritte Beispiel[10] betrifft Arbeit und Leben kanadischer Textilarbeiterinnen; sie sieht sich mit einem wahren „Völkergemisch“ konfrontiert (u.a. Frauen mit osteuropäischem und süditalienischem Hintergrund). Die vierte und letzte Analyse[11] geht noch einmal über Frauen in Textilfabriken; dieses Mal ist eine englische Industriestadt Ort des Geschehens, und wieder stammen die Betroffenen aus aller „Herren“ Länder. Sämtliche Studien basieren auf empirischem Material, das Ende der siebziger, Anfang der achtziger Jahre erhoben worden ist.[12]

Die Gretchenfrage lautet natürlich: Wie steht es mit der Vergleichbarkeit? Eine (zu) einfache Antwort wäre, sie schlankweg zu *verneinen*, weil „die“ deutschen Frauen eben anders seien als Italienerinnen oder Polinnen oder Portugiesinnen „an sich“ oder selbst Amerikanerinnen und Kanadierinnen. Ernsthafte Debatten hat es auf diesem Niveau auch nicht gegeben.

Ebenso (zu) einfach macht es sich vermutlich eine „biologistische“ Position, wonach die Ähnlichkeit konstitutionell *gegeben* wäre: Frauen sind Frauen und als solche durch ihr Geschlecht auf einen bestimmten Charakter festgelegt. Da spielt es keine Rolle, wann, wo und wie Belastungen anfallen – im Prinzip würde sich naturbedingt die Reaktion verläßlich wiederholen. Für diese Meinung sprechen indes auch *gute* Gründe, allen voran der Augenschein. Schon vor bald 300 Jahren hat er zu der Frage geführt: „Wenn *alle Männer frei geboren sind*, wie kommt es dann, daß alle Frauen als Sklaven geboren sind?‘“[13] Die bündige Antwort darauf ist: es liegt am weiblichen Geschlecht in seiner Objektivierung als Ort männlicher Ausbeutung

---

9 Ellen Israel Rosen, Bitter Choices, Chicago 1987.

10 Charlene Gannagé, Double Day, Double Bind, Toronto 1986.

11 Sallie Westwood, All Day, Every Day, London 1984.

12 Wenn künftig auf das Material dieser Erhebungen zurückgegriffen wird, dann geschieht dies, der Lesbarkeit halber, durch einfache Numerierung: I steht für die Projektstudie, II für Rosen, III für Gannagé und IV für Westwood.

13 Vgl. Juliet Mitchell, Women and Equality, in: Philips (Hg.), Feminism and Equality, New York 1987, 24ff.(31).

– „man fucks woman; subject verb object", wie Catherine MacKinnon die brutale Sache auf einen brutalen Nenner gebracht hat.[14] Demnach ist die Frau sexuell zur Unterworfenheit verdammt, überall und zu allen Zeiten – es sei denn, „Sex" ließe sich irgendwie neutralisieren bzw. „dekonstruieren". Dazu aber müßte er vorher konstruiert worden sein, d.h. sich als *sozial gefertigte*, nicht biologisch fixierte Qualität entpuppen. Aus „sex" (Geschlecht = natürliche Eigenschaft) wird in diesem Fall „gender" (Geschlecht = kulturelles Produkt).[15]

„Gender", heißt es bei Joan Scott, „ist ein konstitutives Element der sozialen Beziehungen, darauf gegründet, daß Unterschiede zwischen den Geschlechtern („sexes") gesehen werden; und es ist ein vorrangiges Medium, um Machtbeziehungen zu bezeichnen."[16] Natur, Differenz, Macht: ihre wechselseitigen, *variablen* Beziehungen bestimmen die gesellschaftliche Lage der Frau; Frauen mögen z.B. von Natur aus als schwach gelten und in einer Gesellschaft, die Stärke prämiert, werden sie folglich den Kürzeren ziehen – aber das muß nicht so sein.

Was folgt daraus für das Problem des Fallvergleichs und die Frage, ob sich „ferne" Erkenntnisse nutzen lassen, um „nahe" Erfahrungen auszuleuchten? Stützt er sich, im Einklang mit dem Stand der Debatte, auf ein Konzept des weiblichen Geschlechts, das die soziale Konstruktion in den Vordergrund rückt,[17] dann hängt seine Plausibilität davon ab, ob sich die betreffenden Frauen in kulturell ähnlichen Beziehungsgeflechten bewegen, ihre Umstände, Einstellungen und Ansprüche also hinreichend überein-

---

14 Catherine MacKinnon, Feminism, Marxism, Method, and the State: An Agenda for Theory, in: Signs, 7, 1982, 515ff. (541).

15 Vgl. Joan Wallach Scott, Gender: A Useful Category of Historical Analysis, in: Journal of American Historical Review, 91, 1986, 1053ff.; Leslie Wahl Rabine, A Feminist Politics of Non-Identity, in: Feminist Studies, 14, 1988, 11ff.; Jane Flax, Postmodernism and Gender Relations in Feminist Theory, in: Nicholson (Hg.), Feminism/Postmodernism, New York – London 1990, 39ff.; vor allem von Alison M. Jaggar (Human Biology in Feminist Theory: Sexual Equality Reconsidered, in: Gould (Hg.), Beyond Domination. New Perspectives on Women and Philosophy, Totowa 1983, 21 ff.) erfährt man, daß die Dinge etwas komplizierter liegen, als es der einfachen Dichotomie sex/gender anzusehen ist – deren Zweck auch nur sein soll, grob über den Argumentationsgang zu orientieren.

16 Scott, Gender..., 1067.

17 Wobei hier offen bleiben kann, ob sich Körper und Rolle vollständig voneinander separieren lassen; vgl. Flax, Postmodernism...; Jean Bethke Elshtain, Against Androgyny, in: Philips (Hg.), Feminism..., 160ff.; Kate Soper, Feminism as Critique, in: New Left Review, 176, 1989, 91ff.

stimmen.[18] Anders gesagt: Leben diese Frauen in verwandten *Sinn*-Zusammenhängen und entwickeln sie einen vergleichbaren *Eigensinn*?

18 Was weit genug ist, läßt sich nicht abstrakt fixieren; vielmehr hängt es mit dem untersuchten Problem und der verfolgten Absicht zusammen, ob man es mit „der Frau“ oder „den vielen“ zu tun hat; vgl. dazu Elizabeth V. Spelman, Inessential Woman, Boston 1988, 133ff.

2. Sinn und Eigensinn

Schon die knappen Skizzen der einzelnen Fälle deuten an, wo die Arbeitsbedingungen und Lebenslagen voneinander abweichen, jedenfalls graduell. Eine typische Textilarbeiterin, wie sie die verschiedenen Studien bevölkert, ist 1. Mitglied einer ethnischen Minderheit, mit all den darin eingeschlossenen Handicaps einer sozialen Ghettoisierung; sie entstammt 2. einer „unterentwickelten" Kultur, deren Traditionalismus in die neue Situation hineinwirkt; das wirkt sich 3. speziell darin aus, daß Heirat als höchstes Lebensziel gilt und regelmäßig in die eheliche Unterwerfung mündet; daraus folgt 4. eine intensive Belastung im Haushalt – die mit einer ebenso starken Beanspruchung im Betrieb vereinbart werden muß: Akkordarbeit bei Minimallohn, ohne Sozialleistungen; da schlägt 5. negativ zu Buche, daß die Industrie weitgehend gewerkschaftsfrei ist, nicht nur wegen der feindseligen Haltung des Managements, sondern auch weil gewerkschaftliches Engagement, selbst wenn es zeitlich möglich wäre, etwas Fremdes ist.

Demgegenüber hebt sich die Situation der betroffenen Frauen hierzulande in mancher Hinsicht positiv ab: sie sind sozial integriert, bis zu einem gewissen Grad wenigstens emanzipiert, arbeiten unter weniger stressigen Bedingungen zuhause wie am Arbeitsplatz, wo sie zudem rechtlichen Schutz aller Art genießen und ihre Sorgen in den Händen einer wohletablierten Interessenvertretung wissen. Trotzdem: nach allem, was man über den Arbeits- und Lebenshorizont dieser Frauen weiß,[19] sind sie nur relativ privilegiert, so daß ihre Aus- und Einsichten immer noch recht nahe bei denen ihrer Leidensgenossinnen liegen. Das bestätigen die konkreten Eindrücke.[20]

---

19 Vgl. etwa den Überblick in Myra Marx Ferree, Between Two Worlds: German Feminist Approaches to Working-Class Women and Work, in: Signs, 10, 1985, 517ff.

20 Wie weit die Generalisierung darüber hinaus reicht, läßt sich nicht allgemein sagen; über absehbare Grenzen informiert z.B. Gerda Lerner, Reconceptualizing Differences Among Women, in: Journal of Women's History, 1, 1990, 106ff.

2.1 *Arbeit und Technik*

„Die ökonomischen Tatsachen im Leben einer Frau sind fast so fix wie die anatomischen; sie sind über Raum und Zeit hinweg derart konstant, daß man fast von universellen Binsenwahrheiten sprechen könnte."[21] Dazu gehört z.B. auch, daß Frauen, verheiratete zumal, nicht ohne weiteres (Lohn-) arbeiten. Diese Entscheidung war und ist begründungspflichtig, wobei zwei Arten von Gründen eine Rolle gespielt haben: Argumente der „Tugend", die auf den vielfältigen Nutzen beruflicher Arbeit und Erfahrung für die weibliche Bestimmung zur Ehefrau verweisen; und daneben, schwieriger durchzusetzen, das Interesse an weiblicher Unabhängigkeit von der männlichen Ernährer-Rolle im Familienverband.[22] Dieser „weibliche Egozentrismus" einer „Befreiung im Singular" (Christina Thürmer-Rohr) hat es bis heute schwer und kommt – unter Arbeiterfrauen jedenfalls – eigentlich nur in moderater Form vor, will heißen im Rahmen des Eheverhältnisses und nachdem seine Pflichten abgeleistet worden sind:

Ich war fasziniert vom ersten Kind, und es war wunderbar, aber immer wieder kam mal der Gedanke, ich hätte was versäumt. Die Zufriedenheit ließ allmählich nach. Das zweite Kind kam, ich nahm noch ein Pflegekind hinzu und war trotzdem unausgefüllt. Ich bin um 6 Uhr aufgestanden und um 10 Uhr war ich mit dem Haushalt fertig." (I, 50)

Erst nachdem diese Frau eine gebührende Anzahl von Kindern großgezogen hat und nur weil sie ihre sonstigen Pflichten im Rekordtempo erledigt, reift in ihr – zu einem Zeitpunkt, da der Mann kurzarbeiten muß – der Gedanke, (wieder) zu tun, was ihr Spaß macht, nämlich arbeiten zu gehen:

„Ich bin aufgeblüht im Arbeitsleben. Ich habe mich in der Gruppe weiterentwickelt, die Persönlichkeit gefestigt." (I, 50)

Andere Frauen haben zeitlebens gearbeitet – und dabei nie aus den Augen verloren, wie wichtig diese zweite Säule ist für das Gefühl (wenigstens), unabhängig und „etwas wert" zu sein:

„Ich weiß, ich kann etwas leisten, und dann bin ich auch noch jemand. Das hebt ja auch das Selbstbewußtsein. – Ja, ja, bei der Hausarbeit hat man nicht die Anerkennung ..." – „Eben! Eben. Da putzen Sie und da kochen Sie, und kein Mensch sieht ..." – „Also ich sag immer, da kommt mir die Decke auf den Kopf ..." – „Aber so kann ich noch etwas

21 Ruth Schwartz Cowan, From Virginia Dare to Virginia Slims: Women and Technology in American Life, in: Technology and Culture, 20, 1979, 51ff.

22 Vgl. Alice Kessler-Harris, Independence and Virtue in the Lives of Wage-Earning Women. United States 1870-1930, in: Friedlander u.a. (Hg.), Women in Culture and Politics: A Century of Change, Bloomington 1986, 3ff.

leisten." – „Wissen Sie, wenn Sie jeden Tag draußen sind. Sagen wir mal 2½ bis 3 Stunden, und auf einmal sind sie daheim. Sie schaffen da auch, aber irgendwie bin ich ... so, wie wenn ich immer eingesperrt wäre. Das ist so: Da freue ich mich, wenn ich wieder schaffen darf. Da bin ich draußen, obwohl ich mit niemand viel spreche, aber ich war unter Leuten." (I, 51)

Nicht immer greifen die Dinge so vergleichsweise nahtlos ineinander, und manche Frau steckt den Wunsch nach einer Berufstätigkeit zurück, wenn sie auf (ehe)männlichen Widerstand stößt, der sie an ihre familiäre Pflicht erinnert:

„Ich habe 17 Jahre pausiert, bis meine Kinder soweit waren, daß ich ... Ich hätte vorher gar nicht dürfen! Meine eine Tochter war 11 1/2, und die andere war 17. Und vorher habe ich nicht zum Schaffen gehen dürfen." Ihr Mann hatte es verboten: „Er hat es nicht erlaubt. Er hat gesagt: Wenn Deine [!] Kinder groß sind, daß sie soweit sind, daß sie sich selber ... , dann darfst du schaffen gehen und vorher nicht." (I, 50)

Jetzt (erst) gehört die Frau zu denen, die sich nicht mehr vorstellen können, „immer daheim" zu sein. Diese Sehnsucht nach der kleinen Freiheit der aushäusigen Arbeit findet sich selbst unter „rückständigen" Bedingungen:

„Meine Arbeit macht mir Spaß ... Ich gehe gern hin. Beschäftigt zu sein und etwas zu machen. Und Geld zu verdienen. Und mit meinem Dollar anfangen zu können, was ich will ...Ich habe die Leute gern gehabt, und die Fabrik. Was soll ich Zuhause machen? Es ist nett, ein oder zwei Tage Zuhause zu sein, aber dann wirst Du unruhig." (III, 75).

Doch im allgemeinen dominiert hier, in manchmal Sweatshop-ähnlichen Verhältnissen, eindeutig der ökonomische Zwang, den Lohn des Ehemannes aufbessern zu müssen, um sich und der Familie einen normalen, bescheidenen Lebensstandard leisten zu können:

„Ich arbeite von 3:30 bis Mitternacht", erzählt eine typische Arbeiterin. „Wenn ich ins Bett komme, ist es 1:20 morgens. Dann steh' ich früh auf, um die Kinder für die Schule fertig zu machen. Dann geh' ich wieder zurück ins Bett und schlafe den Morgen durch, bis es Zeit wird, die Hausarbeit zu machen. Für mich selbst habe ich absolut keine Zeit." – „Was gefällt Ihnen an dem Job am besten?" – „Das Geld. Ganz klar, das Geld ... Wenn es nicht ums Geld ginge, wäre ich nicht dort ... das steht fest." (II, 45)

Unter solchen Verhältnissen bleibt vom Streben nach Unabhängigkeit nicht viel übrig. Not beherrscht die Szene. Trotzdem ist die (Mit-)Arbeit der Ehefrau nicht selbstverständlich – jetzt wird sie zu einer (freilich unumgänglichen) Sache der Tugend:

„... wenn die Männer nach Hause kommen, wollen sie, daß alles hübsch aussieht. Wenn die Frau arbeitet, dann muß er auf's Abendessen warten. Und darauf, daß sauber gemacht wird. Deswegen ist er nicht so zufrieden. Er sagt: ‚Ich brauch' schon etwas Geld, aber ich will nicht, daß Du arbeitest., Ich sage: ‚Ich bringe mehr Geld heim, wenn ich arbeite'... Ich habe gewonnen, denn wir haben das Geld nötig." (III, 75)

Andere Beispiele für diesen Konflikt zwischen Erwartung (des Mannes, auch der Frau) und Sachzwang:

„Mein Mann hat es nicht gern gesehen, daß ich arbeite und die Kinder allein lasse. Aber weil wir arm sind, haben wir uns damit abfinden müssen." Oder: „Wir hatten nur einen Lohn, und mit einem Lohn konnten wir nicht gut leben. Wir hatten nie hohe Löhne, immer nur niedrige. Wir mußten schon sehr bescheiden leben mit dem Lohn, den er heimgebracht hat. So konnten wir uns nie Süßigkeiten oder ähnliche Sachen leisten." Oder: „Weil ich auch arbeite, können wir unser Leben besser einrichten, und darum arbeite ich halt weiter. Wenn wir zu zweit arbeiten, können wir die Anschaffungen bezahlen, die wir machen; aber wenn wir nicht beide arbeiten, können wir unsere Anschaffungen nicht bezahlen." (III, 268ff.) etc.pp.

Auch hierzulande grundieren solche Überlegungen die Freude am beruflichen Engagement und sozialen Kontakt – um „mithalten" zu können oder auch nur einfach „hinzukommen", bedarf es zweier Löhne:

„Man war jung und mußte Anschaffungen machen, man brauchte viele Dinge. Es war ein gewisses Muß, man mußte einfach bestimmte Dinge haben, wie einen Herd oder eine Waschmaschine. Man mußte bestimmte Dinge haben, daß man sagen konnte, man kann darinnen leben." (I, 45)

Es ist schon so – „ein Mann allein schafft das heutzutage gar nicht mehr" (I, 49), und zwar nicht im entferntesten, selbst dann, wenn seine berufliche Laufbahn von Krisen (Krankheit, Kurzarbeit, Arbeitslosigkeit etc.) verschont bleibt. Alle wissen um die ökonomischen Relationen – und doch will sie keiner wahr haben: „Das Einkommen des Mannes galt lange als ‚Familienlohn'. Die Einschätzung, daß Männer die Familie ernähren, hat in der Vergangenheit dazu geführt, den Lohn der Frau als ‚Nadelgeld" oder ‚zweites Einkommen' zu definieren."[23] Daran hat sich anscheinend bis heute nichts geändert: „Unabhängig vom wirklichen Beitrag der Frau zur Familienexistenz wird der Ehemann als hauptsächlicher Ernährer definiert. Es herrscht Konsens, daß *sein* Einkommen ‚die Familie wirklich stützt'. Die Ehemänner kommen mit ihrem Lohn für die ‚Essentials' auf; dieses Geld wird auf die Bank getragen, um Hypotheken zu bezahlen oder andere Rechnungen zu begleichen, die jeden Monat fällig werden – für Heizöl oder Strom, für Versicherungen oder zur Abzahlung des Wagens. Die Frau arbeitet nur für die ‚Extras' wie Benzin, Lebensmittel, Anschaffungen für die Kinder oder ein Sparkonto."[24]

Daß *Ihm* daran liegt, die falsche Perzeption aufrechtzuerhalten, ist nachvollziehbar; schließlich hängt von ihr sein gewohnter Status ab:

---

23 Cynthia Fuchs-Epstein, Workplace Boundaries: Conceptions and Creations, in: Social Research, 56, 1989, 571ff. (587).

24 Rosen, Bitter Choices..., 103.

„Er ist der Meinung, daß ich also Hausfrau bin, daß ich daheim bin. Und mein bißchen Post, wo ich abends habe und da Geld dafür heimbringe, da haben wir uns erst letzte Woche in die Wolle bekommen, weil er zu mir gesagt hat: er möchte bloß mal wissen, von was ich eigentlich müde bin. ... Und er sieht das so: das bißchen Hausfrau, so viel Arbeit macht das nicht, und die bißchen Post da unten, das akzeptiert er, das ist für mich quasi so ein Hobby. So guckt er das an." (I, 67)

Wenn einer dann seinen häuslichen Beitrag minimiert und „nur Schuhe putzt, sonst gar nichts", dann ist das aus solcher Warte wohl sein gutes Recht. Gerade deshalb überrascht umso mehr, wie stark offenbar auch die Frauen selbst dazu neigen, den ökonomischen (und moralischen) Wert dessen, was sie finanziell beitragen, herunterzusetzen. Eine Erklärung dafür mag im tradierten Selbstbild liegen: „Das Verständnis vom zweiten Einkommen hat dazu gedient, die Ansprüche der Frauen zu kanalisieren, denn sie konnten sich auf eine Zeit freuen (die vielleicht nur in ihrer Phantasie existierte), wo sie aufhören konnten zu arbeiten und ganz von ihren Ehemännern unterstützt werden würden. Diese Frauen fühlten sich weiblicher bei der Vorstellung, auf ihre Männer bauen zu können ...".[25] Zugleich mit dieser Innenanspannung wird auch eine äußere reduziert – die mit dem Ehemann, dessen angestammte Position nicht angetastet wird und dessen Einwilligung damit erkauft werden kann: „Das hat natürlich seinen Preis – lange Stunden harter Arbeit. Aber ihre Fähigkeit, ein derartiges Gleichgewicht herzustellen, erspart diesen Arbeiterfrauen etwas von dem Ärger und der Ohnmacht anderer, die den schwierigen Versuch machen müssen, einen einzigen, manchmal kaum hinreichenden Lohn strecken zu müssen."[26] Schließlich scheinen Frauen darauf zu setzen, daß ihre Selbstverpflichtung den Ehemann in Zugzwang bringt und dadurch die Verbindung stabilisiert: „Die ‚Hilfe', die sie ihren Männern anbieten, schafft für diese eine Verpflichtung zur ‚Reziprozität'. Männer, denen so geholfen wird, empfinden es oft als eine Sache der Fairneß, daß sie die Hilfe Zuhause mit einer Gegenleistung beantworten."[27]

Der Hang zur Feminität, die Idee des Zusatz-Verdienstes, das Programm der Selbstbindung und, daraus folgend, die Priorität des Haushalts – das sind die Eckdaten weiblicher Mentalität im Arbeitermilieu. Ihre Wirkung strahlt auch auf das Feld der *beruflichen* Arbeit aus. Sie prädestinieren die Frau für eben jene Positionen, die ihnen nach gängiger Meinung angemessen sind – am unteren Ende der Lohnskala, ohne Aufstiegschancen, bar geistiger Herausforderungen, kurz: in einem abgeschlossenen Raum unpro-

25 Fuchs-Epstein, Workplace Boundaries..., 588.
26 Rosen, Bitter Choices..., 104.
27 Rosen, Bitter Choices..., 104.

fessioneller Marginalität und vor-technologischer Primitivität. Frauen sind „inauthentische Arbeiter“.[28]

Weitergehende Ambitionen hat der Erziehungsprozeß diesen Frauen frühzeitig ausgetrieben: Dort haben sie gelernt, „Sorge für die Familie und Engagement im Beruf als unterschiedliche und miteinander unvereinbare Einstellungen anzusehen.“[29] Später praktizieren sie die Lektion – allerdings auch wieder nicht so perfekt und verläßlich, daß männliche Pressionen überflüssig würden. Aufstiegswillige Frauen werden diskriminiert, sei es, daß ihnen Charakterfehler nachgesagt werden („Vermännlichung“), sei es, daß das frisch erkämpfte Terrain von den Männern geräumt, dadurch „verweiblicht“ und zu einer neuen Enklave gemacht wird.[30]

In welche Sackgasse Frauen geraten (können), die unter den gegebenen Bedingungen in die „Herrschaftsmaschine“ Technik eindringen, illustriert der Post-Fall. Mit der Automatisierung des Briefabgangs hat die Post den betroffenen Frauen gewissermaßen eine Chance offeriert, an den Segnungen der Modernität teilzuhaben (jedenfalls haben solch hohe Töne die Einführung der Maschinerie vorbereitet und begleitet). Zwar hielt sich der technische Sprung nach vorne in Grenzen: als zusätzliche Qualifikation wurde den Frauen angeboten bzw. abverlangt, Adressen, die für die Maschine nicht les- und daher nicht codierbar waren, schnellstmöglich auf einem Bildschirm zu entziffern und in die Maschine zu tippen. Aber bei den Betroffenen hat diese Neuerung dennoch teils erwartungsvolle, teils ängstliche Neugier geweckt:

> „Also, das Lernen an und für sich hat mir richtig Spaß gemacht, das war mal wieder eine Herausforderung. Zwölf Jahre hast du immer das Gleiche gemacht.“ (I, 43) „Mich hat die Maschine schon gereizt.“ (I, 92) „Ich hatte auch ein bißchen Angst, ich dachte, das schaffst du nicht, ich mach das nicht, ich geh nicht zur Maschine, hab' ich lang, lang gesagt. Aber dann wollt' ich auch mit den Kolleginnen zusammenbleiben, die zuerst auch alle nicht an die Maschine wollten.“ (I, 91)

Das neue Tätigkeitsfeld kam den Frauen gelegen (und wird von Männern typischerweise als unzumutbar abgelehnt[31]): Dank der „Schule einer haushaltsfixierten Mädchenzeit“ (Cynthia Cockburn) sind sie „ausdauernd und flott“. Allerdings, kaum begann der Reiz des Neuen zu verblassen, gingen den angeblichen Profiteusen gleich mehrere Lichter auf. Erstens erkannten sie, wie mager die zusätzliche Qualifikation tatsächlich ausfiel:

---

28 Cynthia Cockburn, Machinery of Dominance, Boston 1988 (dt. 1988), 185.
29 vgl. Cockburn, Machinery..., 210.
30 Cockburn, Machinery..., analysiert diese Prozesse genauer.
31 Vgl. Fuchs-Epstein, Workplace Boundaries..., 576ff.

„Am Anfang mag das ja aussehen, oh Gott, du lernst ja unheimlich viel dazu, aber wenn du das jeden Tag machst und immer das Gleiche machst und guckst..." – „Also auch das Codieren ist für Dich keine höherwertige Arbeit?" – „Würde ich nicht sagen. Vor allen Dingen, man muß ja nur die Postleitzahlen tippen, es wird ja nichts besonderes gemacht, wir tippen nur ein, was da steht ... Also es wird ja nichts rausgezogen oder bewertet, wie die Techniker, die haben ja ganz andere Computer ... Wir können mit dem Bildschirm eigentlich nichts anfangen, außer die Tastatur von den Postleitzahlen." (I, 93)

Zweitens stellt sich schnell heraus, daß ein Aufstieg in Richtung „Techniker", und sei es nur der erste kleine Schritt, von den Männern wirksam blockiert wird. Wer behebt technische Störungen?

„Machen wir auch, wenn es kleine Sachen sind. Das liegt am Techniker, wenn der verrückt tut. Er meint ja manchmal, man kann das gar nicht, weil man ist nicht dazu fähig, das zu machen. Der macht dann selber das und springt dann bei..." – „Aber wenn jetzt kein Techniker kommt, dann traust Du Dir das auch selber zu?" – „Ja, das habe ich gelernt soweit, wenn das Zeichen aufleuchtet, dann ist es praktisch vorne. Das siehst du genau anhand der Maschine, wo das halt streikt. Bestimmte Dinge kann man z.B. nicht machen, gerade Schrauben anziehen und so, oder vielmehr wenn der technische Bereich ausfällt. Dann müssen die Monteure kommen ... Das können wir gar nicht, weil wir nicht die richtigen Schlüssel haben. Die haben ihre extra Schlüssel, um das zu beheben." – „Würdest Du Dir das denn auch zutrauen?" „Ja, warum nicht?" (I, 92f.)[32]

Aber die Schlüssel bleiben ihr eben verwehrt. Drittens wird den Frauen deutlich, daß sie die – illusorische – Teilhabe am technischen Fortschritt mit dem realen Verlust jener (wiewohl bescheidenen) Kenntnisse erkaufen, die sie im alten System der Handverteilung erworben haben:

„Ja, man hat ja die Postleitzahlen im Kopf gehabt. Jetzt, flutsch, weg ..." – „Man sitzt wie eine Maschine, also man verlernt auch die Postleitzahlen. Ich meine, mir hat das auch Spaß gemacht, wenn man einen neuen Ort kennengelernt hat: Ach, jetzt weiß ich das. Manchmal wußte man gar nicht, wo der liegt, und nach der Postleitzahl hat man sich orientiert." – „Ja, ja, da wußtest du es." – „Also, mich hat das interessiert." (I, 94)

Zu guter Letzt wird spürbar, daß die dazwischen geschobene Maschinerie die sozialen Kontakte verflacht hat:

„Sagen wir mal, jetzt mit den Jahren haben wir uns eigentlich daran gewöhnt, daß wir eigentlich codieren und schwätzen können. Aber wenn du eigentlich, so wie wir es manchmal früher gehabt haben, wenn du ein ernstes Thema gehabt hast, das konntest du früher eher ausdiskutieren. Jetzt, im Codierraum drinnen, da machst du halt deine Witze oder schwätzt einfach belanglose Sachen." (I, 87)

Manche Kontakte sind auch ganz abgebrochen – jetzt „läuft ja die Maschine und man muß springen" (I, 86).

---

32 Zu dieser Arbeitsteilung und ihren herrschaftlichen Folgen s. auch Cockburn, Machinery..., 74f.

2.2 *Ehe und Familie*

Man muß springen – dieser Satz könnte auch als Motto der häuslichen Arbeit durchgehen. Die Rede von der Doppelbelastung besagt schließlich nichts anderes, als daß die Frauen den Streß ihres Jobs Zuhause *nicht* angemessen kompensieren können. „Beide, Männer wie Frauen, leben im Haus, aber nur Frauen haben ihren ‚Platz' dort."[33] Eben dieser Asymmetrie folgt die „soziale Konstruktion der Hausarbeit", mit den bekannten Konsequenzen, was Arbeitsteilung und -anfall angeht.

Die einschlägigen Leidensgeschichten, mit mehr oder minder drastischem Verlauf, sind Legion:

„Wenn er nach Hause gekommen ist, hab' ich ihn in Ruhe gelassen. Du weißt was ich meine? Er hat seine eigenen Sorgen .... Es ging halt darum, mit ihm keinen Streit oder irgendwas anzufangen. Er hat seine Zeitung gelesen und im Fernsehen Football oder Baseball angeguckt. Das war seine Arbeit, und ich hab' mich an meine Arbeit gemacht." (III, 54)

Natürlich hat sich *ihre* Arbeit davon stark unterschieden:

„Ich hab' bis 11 oder 12 Uhr nachts gearbeitet. Zum Beispiel hab' ich das Schlafzimmer geputzt, wenn ich von der Arbeit nach Hause gekommen bin. Am nächsten Abend hab' ich dann das Badezimmer geputzt, und am Abend darauf ein anderes Zimmer. Du siehst, jeden Abend hab' ich etwas anderes gemacht. Am Samstag hab' ich dann die Wäsche gemacht ...." Die Kollegin kennt das: „Abends bin ich so müde – meine Beine –, ich kann nicht mehr schaffen, weil ich den ganzen Tag geschafft habe. Sonntags ist es das Gleiche. Ich will alles fertig haben, weil ich am Montag wieder ins Geschäft muß. Ich will nicht alles liegen lassen. Ich will alles fertig haben. Manchmal bring' ich mich um. Vielleicht spann' ich aus, wenn ich mal tot bin. Wenn ich sterbe, werd' ich alles fertig haben." (III, 54f.)

Und andere Länder bringen durchaus keine anderen Sitten:

„Ich wasche immer am Sonntag und montags wird gebügelt. Dienstags hab' ich meinen freien Abend, da rühr' ich nichts an. Am Donnerstag mach' ich das Bad, und wenn es 3 Uhr in der Nacht ist. Vorher geh' ich nicht ins Bett. Am Mittwoch saug' ich das Schlafzimmer, alle anderen kommen freitags dran. Jeden Freitag geh' ich auch in die Stadt und bezahle Rechnungen und mache die Einkäufe. Mit dem 4:40-Bus fahr' ich zurück, setze dann Tee auf, und während Les [der Gatte] seinen Tee trinkt, packe ich die Einkäufe aus. Dann saug' ich den Flur und das Wohnzimmer ... , während ich das Abendessen in den Herd stelle. Jeden Morgen mache ich die Betten und bereite vor, was ich fürs Abendessen brauche, wie Kartoffeln schälen, die Sauce machen usw." (IV, 165f.)

---

33 Schwartz Cowan, From Virginia Dare..., 58.

Arbeits- und Organisationsleistungen steigern sich weiter, wenn kleine Kinder da sind:

„Um 6 Uhr wach' ich auf. Die Babynahrung richte ich immer schon am Abend davor her und stell' sie in Flaschen in den Kühlschrank. Wenn ich um 6 Uhr aufwache, wasche ich mich und mach' den Kaffee ... für den Mann. Dann wacht der Kleine auf. Ich wasch ihn ... und wechsle seine Sachen. Dann pack' ich alles ins Auto und fahr zu meiner Freundin ... Wenn ich den Kleinen zu meiner Freundin bringe, nehme ich auch meinen Mann mit. Ihre Mutter versorgt dann zwei Babies. Ich richte die Babynahrung her und liefere alles ab, was sie braucht, bis ich wiederkomme, Essen, Windeln und alles. Auf meinem Rückweg von der Arbeit hol' ich den Kleinen wieder ab. Dann mach' ich das Abendessen ... mein Mann hilft eine Menge in der Küche. Er kocht gern ... Dann füttere ich das Baby, und wir spielen ein bißchen mit ihm. Dann bade ich den Kleinen und mach' ihn fürs Bett fertig. Dann wasch' ich die Windeln. Dann geht's ans Bügeln. Um 7 oder 6 Uhr steck' ich ihn ins Bett. Um 11 wacht er nochmal auf, dann schläft er bis zum nächsten Morgen. (III, 58)

„Du mußt dir einen Plan machen" – der weibliche Arbeitsalltag ist eine strategische Großoperation, an denen die Männer nur marginal und nach Gusto („Er kocht gern...") beteiligt sind. Die Frauen wissen um ihren Gebrauchswert – „Wir machen zwei Jobs, einen hier [in der Fabrik] und einen Zuhause. Wir würden ein Vermögen verdienen, wenn wir für beide bezahlt würden."(IV, 164) –, freilich setzen sie ihn meist weder um noch ein. Im Gegenteil, ihr totaler Einsatz bürdet ihnen zudem noch die gesamte Verantwortung auf, besonders für die Kinder:

„Du weißt nicht, was passiert, wenn du die Kinder Zuhause läßt ... Du denkst, sie stellen vielleicht etwas an, spielen mit Feuer. Vielleicht kommt auch jemand und erschreckt meine Kinder. Du mußt so viel an sie denken." Noch härter trifft es eine andere Mutter: „Ich heule jeden Tag. Meinem Mann erzähl' ich nichts, sonst sagt er, ich soll aufhören zu arbeiten." (III, 60f.)

Das eigentliche Rätsel ist nicht, warum Frauen das alles hinnehmen. Denn es hat sich ja abgezeichnet, daß sie – vor dem Hintergrund ihrer Möglichkeiten – diese Plackerei *wollen* und damit sogar eine auf verdrehte Weise rationale Option wählen: das freiwillige Opfer demonstriert seine Unentbehrlichkeit und kettet den Mann dadurch an, verleiht also Macht im bedrückenden „Gehäuse".[34] Die eigentliche Frage heißt daher: Was macht Ehe und Familie dermaßen attraktiv, trotz allem?

Sallie Westwood, die sich dieses Phänomens besonders gründlich angenommen hat, ist auf drei Faktoren gestoßen: Heiraten ist romantisch, realistisch und respektierlich. Das romantische Gefühl fixiert sich auf ein glän-

---

34 Man kann das Dilemma auf den kurzen Nenner bringen: Frauen müssen, um die häusliche Machtverteilung zu stabilisieren, mit ihren Unterdrückern kollaborieren; vgl. Westwood, All Day..., 169f.

zendes Ereignis im grauen Alltag der Berufsarbeit und erfaßt nicht nur die Glückliche: „Heiraten stand hoch im Kurs ... Wenn es eine Gelegenheit gab, die immer wieder freudige Erregung auslöste, dann war es der Glanz einer Hochzeit in weiß. Von der Aussicht auf eine Hochzeit waren alle begeistert, weil sie Sex und Romantik über die tägliche Langeweile der Näherei hinweg gerettet haben."[35] Entsprechend finden sich auch die „Neuen" schnell von einer Kultur umgeben, die ihnen die Sehnsucht danach suggerierte, was andere bereits hatten – „einen festen Freund und künftigen Ehemann, der ihnen dabei helfen würde, einen Platz im Leben zu finden."

Doch von allem Anfang an drücken Heiratswünsche mehr aus als einen Überschwang des weiblichen Gefühls. In sie fließt auch das Kalkül der Frauen ein, daß ihnen, realistisch gesehen, eine andere Wahl kaum bleibt: „Daß sie an Liebe und Heirat hingen ...., hatte auch etwas mit ökonomischen Zwängen zu tun, die den Männern und Frauen eine ‚Allianz' aufzwangen, wollten sie einen vernünftigen Lebensstandard haben und einige der Freiheiten genießen, die ihnen ein Leben außerhalb der elterlichen Obhut bot. Heiraten war Teil einer weiblichen Strategie, um einige Annehmlichkeiten unserer Gesellschaft auszukosten."[36]

Mit der Heirat erwirbt man sich, drittens, den Respekt der anderen, d.h. die Anerkennung als „Vollwert"-Frau – ein Ziel, dem freilich der realistische Egoismus absehbar in die Quere kommt, so daß es manchmal mühsam gegen die Skepsis der Umwelt (speziell älterer Kolleginnen) erkämpft werden muß:

> „Ich verlobe mich morgen. Wir sparen auf ein Haus." – „Ihr jungen Leute müßt lernen, Verantwortung zu tragen. Du bist noch ein Mädchen, und trotzdem bist du ganz versessen auf's Heiraten." – „Ich bin so erwachsen wie irgendwer, und sich zu verloben ist etwas Verantwortliches." – „Aber Du bist noch keine Frau ... dazu mußt Du ein Heim und eine Familie haben, die Du versorgst. Davon habt ihr in eurem Alter noch keine Ahnung. Ihr denkt, das ist alles romantisch und einfach, weil ihr nie auf eigenen Beinen gestanden habt. Es ist leicht zu behaupten, man sei selbständig, wenn man Zuhause lebt." – „Zuhause krieg' ich nichts umsonst, und außerdem sparen wir auf ein Haus. Was sollen wir machen? ... Ich weiß nicht, warum wir weniger verantwortlich sein sollen? Die Leute sagen uns immer, wie leicht wir es haben, aber für uns sieht das gar nicht so aus." (IV, 106f.)

Wie dem auch sei – ob die junge Frau mit ihrem Freund auf ein Haus sparen will oder „sich einen Kerl hält und mit drei anderen schläft" (IV, 107) –, am Ende bleibt ihr ja meist weder das eine noch das andere, weder gemeinschaftliche Verantwortung noch persönliche Befreiung.

---

35 Westwood, All Day..., 102.
36 Westwood, All Day..., 104.

Es könnte die Illusion entstehen (und als Ideologie wird sie ja auch geflissentlich unters Volk gestreut), daß die Ehefrauen die schwere Last aus großer Liebe tragen würden. In der Regel sieht es aber so aus:

„Manchmal macht er mich wahnsinnig. Er kommt 'rein und holt sein Kreuzworträtsel. Ich geh' halt in die Küche, und wenn er einen schlechten Tag gehabt hat, spricht er kein Wort mit mir. Er will nur seinen Tee haben." – „Was ist, wenn Du einen schlechten Tag gehabt hast?" – „Er sagt, ich hätte keine schlechten Tage, ich laufe den ganzen Tag ja nur herum. Er macht die harte Arbeit. Wenn es mir schlecht geht, verschwinde ich einfach in der Küche, daß ich ihn nicht sehe. Er arbeitet von 7:30 Uhr bis 4:00 Uhr, ich von 8:00 Uhr bis 4:45 Uhr. Und ich bin die erste, die aufsteht, und ich geh' zuletzt ins Bett. Ich steh' auf und mach' ihm sein Frühstück, bevor er zur Arbeit geht, und ich geh' um 7:30 Uhr. Inzwischen bin ich richtig fertig. Ich schlaf' auch nicht ..." – „Na..." – „Nein wirklich, ich mag' das Bett nicht, das wir haben. Ihm ist das gleich. Wenn er was haben will, holt er's sich, und ich spiel' den toten Mann [gewissermaßen]." – „Ja, ja, ich kenn' das." (IV, 159f.)

Was bestenfalls blieb von den romantischen Helden, waren „gute" Männer, die „regelmäßig ihren Lohn nach Hause brachten, und Freitagnacht sich nicht betranken, um dann Frau und Kinder zu verprügeln",[37] wobei sich die besseren Exemplare auch noch dazu aufraffen, im Haushalt ein bißchen mitzuhelfen.[38]

So verkümmert die Romantik, und der Respekt, wenn er nicht sowieso verblaßt, verliert seinen Wert. Es bleibt der Realismus, das nüchterne Arrangement mit den eigenen Möglichkeiten, zu Zeiten emotional unterfüttert durch die mütterliche Sorge um Kinder. Hat sich der Kreis weiblicher Ambitionen damit geschlossen?

2.3 *Erfahrung und Erwartung*

Die Erfahrungen der doppelt (resp. dreifach) belasteten Frauen lassen sich auf einen einfachen Nenner bringen:
„double day, double bind", „all day, every day".[39] Und ihre Erwartungen, so scheint es, decken sich vollkommen mit den Erfahrungen: An der Lage wird sich nichts ändern – Plackerei im Betrieb und Hetze im Haushalt wer-

37 Westwood, All Day..., 169.

38 Erinnert sei nochmals daran, daß der durchschnittliche Mann (genauer: Arbeiter) alleine im Verhältnis zu seiner überlasteten Frau eine schlechte Figur macht. Natürlich geht es ihm selbst auch ziemlich „dreckig".

39 Vgl. die Titel der Arbeiten von Gannagé und Westwood.

den den weiblichen Lebensweg (fast) bis an sein Ende begleiten, bestenfalls gefiltert durch ein paar freundliche Illusionen, die gegen den harten Alltag abschotten, wenn er ganz unerträglich scheinen mag. Andererseits, da und dort gibt es Anzeichen dafür, daß sich doch etwas bewegt, sichtbar (nur) aus einem Blickwinkel, der das realistische Handlungsfeld dieser Frauen erfaßt.

Gängige Raster sind dafür meist zu grob. Zum Beispiel ist den Frauen (jenen, um die es hier geht) der Weg zurück in die einfache Last der Nur-Hausfrau versperrt. Zwar träumen fast alle von diesem traditionellen Lebensstil, doch ihre materielle Lage macht den Traum unerreichbar. Daß sie in den Schlamassel geraten sind, der ihnen so zu schaffen macht, liegt nicht an irgendwelchen emanzipatorischen Marotten, derentwegen eine „Gleichheitsfalle" zugeschnappt ist[40] (einem typischen „höhere Tochter"-Syndrom), sondern ganz schlicht am Gesetz der Knappheit, das ihr Leben bestimmt und ihnen keine Wahl läßt.

Arbeiterfrauen stolpern schon deshalb nicht in eine feministisch aufgebaute Gleichheitsfalle, weil ihnen das feministisch ausgemalte Gleichheitsideal wenig sagt: sie „haben eine andere Interessenlage als Mittelklassefrauen, und ihre Erfahrung erzeugt andere moralische Prinzipien." Vor allem: Das wirksame Drohmittel der Scheidung, eingesetzt, um den unbotmäßigen Ehemann zu dressieren, steht ihnen praktisch nicht zur Verfügung – „die Kernfamilie ernsthaft in Frage zu stellen", können sie sich kaum leisten, da für ihr Leben Scheidung in aller Regel eine moralische und materielle Katastrophe bedeutet.[41]

Wer auf das eine (Job) nicht verzichten und dem anderen (Ehe) nicht entfliehen kann, muß versuchen, beides miteinander so gut wie möglich in Einklang zu bringen. Die Erwartung besserer Zeiten, so sie überhaupt aufkeimt, ist an dieser Balance orientiert und auf solche Veränderungen fixiert, die helfen, das prekäre Gleichgewicht zu stabilisieren. Nach Lage der Dinge können solche Schritte am ehesten im Verbund, d.h. am Arbeitsplatz unternommen werden, und da offerieren natürlich die Gewerkschaften ihre nützlichen Dienste.

Allerdings, das Verhältnis der Frauen zu „ihrer" Interessenvertretung war nie spannungsfrei. In den Anfängen als Konkurrentinnen von den organisierten Männern an den Rand gedrückt, später immerhin väterlich be-

---

40 So Mason, Equality Trap....

41 Rosen, Bitter Choices..., 170; s. auch Gita Sen, The Sexual Division of Labor and the Working-Class Familiy: Towards a Conceptual Synthesis of Class Relations and the Subordination of Women, in: Review of Radical Political Economics, 12, 1980, 76ff.

vormundet, fühlen sich Arbeiterinnen bis heute auf fremdem Terrain, wenn sie gewerkschaftlich agieren; Ausnahmen bestätigen die Regel.[42]

„Frauen sind nie sehr politisch gewesen, und man hat ihnen nie erlaubt zu sagen, was sie denken. Wir waren immer Mütter, Haushälterinnen, Kindermädchen, Dienstmädchen. Das ist unser Job gewesen, und wir haben es gemacht, weil man uns so erzogen hat, daß wir es machen. Und dann haben sie Angst gehabt, weil sie halt nicht gerne Wirbel machen, und weil in der Industrie die Männer die Macht haben. Die Vorgesetzten sind alle Männer ..., und die Frauen haben Angst, daß es die Männer ihnen heimzahlen werden, wenn sie Aufruhr machen und Probleme. Und die Männer haben es sie merken lassen, das kannst Du glauben“[43]

– dieses Resümee, wiewohl aus „exotischem“ Munde, gibt nur wieder, was Frauen, in unterschiedlichem Maße, überall kennen: die Scheu, sich gewerkschaftlich zu organisieren; die Angst, in der Öffentlichkeit zu agieren; die Hochnäsigkeit jener, die andere Repräsentanten (männliche) gewohnt sind; das Unverständnis bei denen, deren Unterstützung gebraucht würde (Ehemänner); der Ärger derer, die diese neue Konkurrenz als lästig empfinden (Funktionäre). Zum Beispiel:

„Mein Mann hatte die Schnauze voll. Ich habe 24 Stunden für den Streik gelebt und war viel auf Versammlungen. Mein Mann hat sich viel um die Kinder und den Haushalt und die Kocherei gekümmert. Ich hatte Angst um meine Ehe, aber ich hatte das Gefühl, daß ich den Streik nicht aufgeben durfte. Mein ganzes Leben lang hab' ich so einen Streß nicht durchgemacht.“ Als, kurz zuvor, der Ehemann an einem zweimonatigen Streik beteiligt war, hat es jedenfalls weniger Probleme gegeben.[44]

Ungewöhnlich an diesem Fall ist einzig, daß eine offenbar „starke“ Frau das Konfliktrisiko in Kauf genommen und die Sache durchgestanden hat – als „Aktivistin“, nicht einfach leidend, freilich auch nur deshalb, weil Er zu einem Minimum an Zugeständnissen bereit war. Normalerweise spitzt sich die Dramatik so sehr gar nicht zu, weil etablierte Routinen greifen und die Frau im Hause halten. Gewerkschaftliches Engagement kommt dann zu kurz:

„Die Jüngeren haben Familie und rennen heim. Sie haben keine Zeit, aktiv zu sein. Sie machen ihre Arbeit zu Ende und verschwinden....“ – „Früher, als mein Bub' noch klein war, haben die Versammlungen nach Arbeitsschluß stattgefunden, so daß ich nicht hin

---

42 Zu den unwahrscheinlichen Voraussetzungen einer weiblichen Gewerkschafts-Karriere vgl. auch Sue Ledwith u.a., The Making of Women Trade Union Leaders, in: Industrial Relations Journal, 21, 1990, 112ff.

43 Zitiert in: Patricia Zavella, The Politics of Race and Gender: Organizing Chicana Cannery Workers in Northern California, in: Bookman/Morgan (Hg.), Women and the Politics of Empowerment, Philadelphia 1988, 202ff.(208)

44 Cynthia B. Costello, Women Workers and Collective Action: A Case Study from the Insurance Industry, in: Bookman/Morgan, Women..., 116ff.(126).

konnte. Ich mußte nach Hause und meinen Bub' sehen ... ich bin da nie hingegangen. Ich hatte ja auch daheim eine Menge Arbeit. Und mein Mann ist ein bißchen älter als ich, ich hab' ihn nicht allein lassen wollen." – „Es hat einen einfach zu viel Zeit gekostet. Normalerweise hat man gleich nach der Arbeit hin müssen, und da hat man nichts als gestritten und gekämpft. Für sowas hatte ich keine Zeit. Ich wollte nach Hause. Ich war tot nach der Arbeit. Weißt Du, die haben da die halbe Nacht gesessen. Wenn du in der Gewerkschaft bist, das ist ein eigener Job." (III, 179)

– eine doppelte Belastung, die sich nur leisten kann, wer nicht schon doppelt belastet ist, wenn also die heimische Last von „verständnisvollen" Partnern mitgetragen wird, von Männern, die die gängige Frage *nicht* stellen: „Warum willst Du da mitmachen? Warum willst Du da hingehen? Du hast daheim genug zu tun." (III, 180) Auf die Idee, daß die Gewerkschaft auch da intervenieren und für eine *Humanisierung des Haushalts* eintreten könnte, kommen (meist) nicht einmal die Frauen selbst:

„Die Gewerkschaft soll sich da draußen halten. Sie haben genug damit zu tun, wenn sie für höhere Löhne kämpfen und mit den Unternehmern verhandeln.... Sie bräuchten dann mehr Leute, und das wäre Geldverschwendung." Oder noch resoluter, und dabei den Bock zum Gärtner machend: „Die Gewerkschaft muß sich da nicht einmischen, weil ich einen Mann hab', der sich um mich kümmert..." (III, 190f.)

Ein Blick auf die heimischen Gefilde entdeckt sehr schnell, daß die Frauen nicht viel davon profitieren, wenn es der Gewerkschaft besser geht (weil sie eine stärkere Tradition hat, rechtlich besser verankert ist und über viel mehr Mitglieder gebietet). Auch hierzulande regt sich daheim der Widerstand gegen ein Engagement von Frauen. Manchmal schlägt ihnen schieres Unverständnis entgegen – „Der hat getobt, wie ich da rein bin" (I, 119) –, doch meist blockiert männlicher Widerstand, moderater gestimmt, ein „Zuviel" an gewerkschaftlicher Betätigung:

„Na ja, das sagt er mir schon. Jetzt ging's um die Vertrauensfrauen-Wahl ... Und da hat eine zu mir gesagt: ‚Sie können sich doch auch aufstellen lassen.' Und da hat er gesagt: ‚Oh, fang' bloß nicht noch mehr an.' Ihm ist das halt arg, wenn ich dann fehle. ‚Da mußt Du hier hin und da mußt Du da hin', hat er gesagt. Da hat er schon ein bißchen Angst, da fehle ich dann soviel." (I, 119) Was sie denn doch nicht wollte.

Im allgemeinen finden (Ehe-)Männer, „daß Frauen irgendwo auf dem Teppich bleiben sollen ..." (I, 120). Abhebe-Gelüste sehen sich zusätzlich gebremst durch das Klima der betrieblich-gewerkschaftlichen Öffentlichkeit, in die motivierte Frauen eindringen müssen. Teils fehlt es ihnen dafür einfach an Schneid:

„Also, ich hab' mich noch nie öffentlich gemeldet. Ha, da würde es mir ... ich weiß nicht..." (I, 114)

Die Angst ist spürbar, und sie hat ihren Grund. Dem öffentlichen Engagement steht die Wahrnehmung der eigenen (Un-)Fähigkeiten entgegen:

„Da nimmt man sich vielleicht vor, du sagst was. Und dann kommt man vielleicht doch ins Stottern, wenn man da steht, wo die vielen Leute da sind. Also ich kann das nicht so spontan, wie manche das können." (I, 115)

Manche – das sind fast immer Männer:

„Aber manche Männer hauen da mit Fremdwörtern um sich. Dann denke ich immer: Uah, jetzt, und jetzt kommst du daher und sagst einfach, was du denkst, so gerade 'raus, ohne Fremdwörter, und dann komm' ich mir richtig doof vor dabei." (I, 115)

Männer schrecken ab, sei es als imposante Aktivisten, sei es als passives Publikum:

„Nein, ich hab' immer das Gefühl, ich kann mich nicht richtig gut ausdrücken. Ja, vor Euch zwei Frauen. Aber da, da hat's Männer, viele." (I, 115)

Selbstredend sind auch irrationale Momente im Spiel, wenn die quasi-natürliche Überlegenheit der Männer unterstellt oder deklariert wird. Im Kern stecken dahinter aber harte *soziale* Fakten, die den Frauen durchaus (mehr oder minder) präsent sind. Erstens ist „ihr" angestammtes Reich der private Haushalt, und dort sind andere Qualitäten verlangt, solche, die dazuhin dem gesunden Menschenverstand als minderwertig – „einfach" – gelten:

„So eine einfache Hausfrau, wie ich es bin, die hörst du da gar nie was sagen." (I, 115)

Deshalb bleibt, der weibliche Eintritt in die öffentliche Sphäre die ungewohnte Aktion einer unqualifizierten Person – und löst entsprechende Reaktionen aus:

„Bis ich mich mal getraut hab', im Personalrat was zu sagen. Da hab' ich die ersten Male bloß gehorcht. Und da haben andere Mitglieder vom Personalrat, Männer, die ja sehr kritisch Frauen gegenüber sind, gesagt: ‚Ja, 'ne Neue, mal sehen.' So ungefähr. ... Hinterher haben sie es zu mir gesagt: ‚Wie gehabt.' Das war also gang und gäbe, daß die Frauen im Personalrat nicht den Mund aufmachen." (I, 117)

Diese Frau hat schließlich ihre Hemmungen überwunden – um (wiederum typisch) erfahren zu müssen, daß die Normalisierung eben nichts normalisiert, wenn sie nur den einzelnen Fall erfaßt. Denn der wird dann prompt zum abweichenden Verhalten erklärt, und die betreffende Frau findet sich als anomaler Charakter stigmatisiert:

„‚Ich hasse die Männer.' Weil ich mir einfach das Recht herausgenommen habe, den Männern zu widersprechen und ihnen ihr Verhalten immer wieder mal vor Augen zu führen. Und wenn das eine Frau macht, also dann muß sie die Männer doch hassen!" (I, 117)

Das Ende der Fraulichkeit – aus der Sicht der meisten Männer *und* im Verständnis vieler Frauen – bedeutet in dieser soziale Lage und gesellschaftlichen Schicht den Verlust der ausschlaggebenden Ressource. Das Risiko, wenn es tatsächlich allgemein und unabwendbar einträte, wäre prohibitiv; gemindert wird es dadurch, daß Lernprozesse eintreten können: die solidarische Vernunft der Männer und, wahrscheinlicher, eine vernünftige Solidarität unter den Frauen mögen die Situation entspannen. Frauen unterstützen manchmal Frauen, weil es sich gewissermaßen so gehört: „Ich werd' schon 'ne Frau wählen, natürlich, ist doch ganz klar."(I, 105) Dafür gibt es außerdem einen guten Grund:

„...wir wählen selbstverständlich erst mal eine Frau, zu der wir den ersten Zugang haben ... Weil die Frauen, die Frauen sehen das anders an und reden vielleicht auch untereinander aufgeschlossener miteinander wie mit Männern." (I, 105) Und auch deshalb, weil „die Frauen vielleicht doch mehr für Frauen tun wie Männer für Frauen. Ich kann mir schon vorstellen, daß Frau für Frau mehr tut."(I, 105)

Wo dem so ist, ziehen die Männer nicht unbedingt den Kürzeren. Es war am Ende eine Frau, deren Organisationstalent den postbetrieblichen Umstellungsprozeß reibungslos bewältigt hat – sie saß „nächtelang dran und hat da ausgetüftelt, wie man das am besten machen kann, daß die Dienstpläne tragbar sind" (I, 106) – und so dafür verantwortlich war, daß die Interessenvertretung insgesamt (8 Männer, 3 Frauen) über den grünen Klee gelobt worden ist („unheimlich toll", „sagenhaft").

Andere Erfahrungen präzisieren den besonderen Beitrag engagierter Frauen, wenn die kollektive Durchsetzung besserer Arbeitsbedingungen ansteht. Sie zeigen, daß das verbreitete Bild von der Frau als passivem Wesen – konfliktscheu, gefühlsabhängig und „froh wenn alles so über die Bühne geht" (I, 112), die Wirklichkeit deshalb verzerrt, weil es auf konventionelle, männliche Formen der Streitkultur fixiert ist, speziell das rhetorische Talent beim öffentlichen Auftritt.

In einem konkreten Fall, dem Aufbau einer Gewerkschaftsorganisation, hat Karen Brodkin Sacks den verborgenen Beitrag der Frauen aufgespürt.[45] Dabei sind unter den Akteuren, differenziert nach Geschlechtern, zwei gleich wichtige, einander ergänzende Figuren aufgetreten: „Verbindungsfrauen" und „Wortführer": „Aus einer Reihe von Gründen, die nicht völlig klar sind, haben Männer und Frauen in der Tendenz unterschiedliche Rollen gespielt.... Eine ausschlaggebende Rolle im Organisationskomittee haben bekannte und respektierte Arbeiterinnen gespielt; einige von ihnen standen

---

45 Karen Brodkin Sacks, Caring by the Hour. Women, Work and Organizing at Duke Medical Center, Urbana-Chicago 1988.

im Zentrum von sozialen Netzwerken im Betrieb. Auch die männlichen Mitglieder des Komittees waren bekannt und geachtet, doch schienen sie nicht in gleichem Maße in Netzwerke eingebunden zu sein. Auch scheint zwischen männlichen und weiblichen Aktivisten eine Art Rollenteilung stattgefunden zu haben. Die Männer fungierten als offizielle Sprecher in Interviews, bei Kampagnen und in den Verhandlungen mit dem Management über die Beschwerden der Beschäftigten." Anders die aktiven Frauen – sie „konzentrierten sich darauf – meist unter vier Augen – KollegInnen anzusprechen, deren Unterschriften zu sammeln, und sie darum zu bitten, weitere Mitglieder zu werben.... Frauen und Männer waren sich darin einig, daß viele Leute ‚im Stillen eine Menge Arbeit geleistet haben', und daß die Arbeiterinnen der harte Kern dieser Gruppe waren."[46]

Diese Frauen rücken den ersten Eindruck zurecht, daß „das" weibliche Bewußtsein nur zwei Sparten umfasse: geduldiges Leiden und illusionäres Träumen. Sie sind „widerspenstig, energisch und unter Umständen sehr durchsetzungsfähig" (Sallie Westwood), kurz: einsatzbereit für den praktischen Kampf um konkrete Verbesserungen, allerdings in *ihrem* Interesse und mit *ihren* Ressourcen. Ihr Interesse – das ist ein Kompromiß, der die doppelte Belastung erträglich(er) macht, das kollektive „Tarifgebiet" des Arbeitslebens daher überschreitet und „persönliche Lösungen des Beruf-Familie-Dilemmas" erlaubt.[47] Darin eingeschlossen ist vor allem das bestimmte, manchmal anti-gewerkschaftliche Bedürfnis nach betrieblicher Harmonie, so daß nebenher auch die häusliche „Schlacht" geschlagen werden kann: „Arbeiterfrauen haben gelernt, einen *modus vivendi* zu organisieren, der ihre krude Ausbeutung soweit mildert, daß sie die Fabrikarbeit ertragen können: Tag für Tag, Woche für Woche und, hoffentlich, Jahr für Jahr"[48] – sozusagen nebenher.

Ihre Ressourcen – dazu gehört auch das gewerkschaftliche Handlungspotential; tiefer liegt indes eine andere Quelle des Widerstands: Frauen betrachten „die informelle Organisation ihrer sozialen Beziehungen im Betrieb als wichtigste Abwehrstrategie gegen die Kontrollen des Managements, zumal wenn die Gewerkschaft nicht so funktioniert, wie viele Frauen das gern hätten".[49] Anders gesagt: Frauen „domestizieren die Produktion", „bringen die Welt des Heims in den Betrieb", „insistieren auf der Kontinui-

46 Sacks, Caring..., 138f., 121. Zum selben Schluß kommt Ann Bookman, Unionization in an Electronics Factory: The Interplay of Gender, Ethnicity, and Class, in: Bookman/ Morgan, Women..., 159ff.

47 Rosen, Bitter Choices, 70.

48 Rosen, Bitter Choices, 77.

49 Westwood, All Day..., 90.

tät zwischen Familie und Arbeit", stellen den Zusammenhang her zwischen „Familienwerten, Netzwerken und Widerstand",[50] in einem Satz: sie *verwandeln die besondere Last in eine besondere Stärke.*[51]

50 Westwood, All Day..., 21, 22; Sacks, Caring..., 128, 127.

51 Eine konkurrierende Begründung führt den typischen Beitrag der Frauen auf ihren besonderen Charakter, speziell eine eigentümliche Ethik („der Sorge") zurück; s. die Argumentation bei Carol Gilligan, In a Different Voice, Cambridge, Mass. 1982 (dt. 1984). Es wird sich indes zeigen, daß die Ansätze miteinander vermittelt sind.

3. Eigensinn und doppelte Last

Zwei schwäbische Szenen sprechen Bände. Nummer eins (sie war schon dran):

„Zum Teil waren ja die Dienstpläne echt chaotisch, waren die ja, regelrecht. Und da muß ich eigentlich sagen, da hat sich die Gewerkschaft unheimlich toll eingesetzt, und auch der Personalrat ... Da saß ja die Frau C. nächtelang dran und hat ausgetüftelt, wie man das am besten machen kann, daß die Dienstpläne tragbar sind." (I, 106)

Eine Frau verhindert also das Chaos im Betrieb, ohne ihren Beitrag droht dem Amt die Blockade; zumindest wären die Reibungsverluste des Apparats wesentlich höher. Szene Nummer zwei (Bericht an die Ehefrau über das, was ein Bekannter von ihrem ausnahmsweise alleingelassenen Mann zu berichten wußte):

„‚Ha, wenn Du nicht da bist, dann spinnt der 'rum, schreit die Kinder an. Da funktioniert überhaupt nix', hat er [der Bekannte] gesagt. ... Da heißt es gestern bei den Kindern: ‚Du Depp, Du taube Sau', hat er gesagt. ‚Und wenn Du da bist, dann läuft das alles so reibungslos ab', hat er gesagt. ‚Da ist das Essen da, da ist der Kaffee da, da ist der Dreck aufgeräumt', hat er gesagt, ‚da gibts überhaupt nichts'." (I, 73)

Man sieht, ohne Frau geht auch Zuhause nichts mehr – Er scheitert kläglich bei dem Versuch, ab und an die doppelte Last zu tragen. Die Moral dieser zweiteiligen Geschichte: *Sinn*, d.h. der stabile Lebens- und Arbeitszusammenhang, ist nicht einfach da, er muß vielmehr organisiert werden, und Frauen spielen dabei eine Schlüsselrolle. Ohne sie „geht die Chose nicht".

Eine andere Frage ist, ob Frauen, die so fürs Ganze eingespannt sind, Raum und Energie genug besitzen, um ihren *Eigensinn* durchzusetzen: die kleine Freiheit, dank derer sie das Leben im Koordinatensystem von Arbeit und Technik, Ehe und Familie, Erfahrung und Erwartung auf die Reihe bringen.[52] Es gibt ein breites Spektrum einschlägiger Antworten und alle können gute Gründe für sich reklamieren. Am pessimistischen Ende steht

52 Damit soll nicht gesagt sein, Sinnstiftung sei ausschließlich eine Sache anspruchsvoller „Kombinatorik". Der Personenkreis, um den es hier geht, kann sich nicht leisten, besonders wählerisch zu sein, so daß schon die effiziente Verpackung von Glühbirnen Selbstwertgefühl vermittelt; vgl. Rosen, Bitter Choices..., 55.

die Diagnose der weiblichen *Verelendung*: Danach haben die Frauen mit ihren individuellen Anstrengungen,

„alles unter einen Hut zu bringen, lediglich bewirkt, daß sie als Gruppe nur noch fester an Patriarchat und Kapitalismus gefesselt worden sind.“[53]

Weniger fatalistisch klingt diese Sichtweise, wenn sie in Rechnung stellt, daß der tägliche Wechsel zwischen den „Käfigen“ Betrieb und Haushalt immerhin Wege zur *Flucht* eröffnet, also neben aller Plackerei auch Entzugschancen und Schutznischen bietet:

„Indem sie zwei Herren dienen wollen, versuchen Frauen, der totalen Herrschaft des einen oder anderen zu entkommen.“ Frauen „arbeiten, um der patriarchalischen Macht zu entfliehen, und sie suchen die Unterstützung der Familie, um ihre kapitalistische Ausbeutung zu vermeiden.“[54]

Eine „aktivistische“ Wendung führt von da zur dritten Position, die den Spielraum zur *Kompensation* einseitiger Belastungsprofile ins Blickfeld rückt:

„Die Orientierung an beiden Erfahrungsbereichen kommt zustande durch den jeweiligen Mangel, aber auch durch die jeweils bereichsimmanent begrenzten Befriedigungsmöglichkeiten; jede Sphäre für sich allein genommen ist unter herrschenden gesellschaftlichen Bedingungen unzumutbar...“.[55]

Eine vierte Perspektive, die den Stand der „Ermächtigung“ noch positiver beurteilt – nicht weil sie dem Status quo mehr abgewänne, sondern weil ihr das weibliche Gegenmachtpotential stärker imponiert –, setzt eben auf das Argument der relativen *Souveränität.*

3.1 Die Macht der Ohnmacht

Augenscheinlich kennt der weibliche Charakter, begriffen als soziales Faktum und Produkt doppelter Belastung, genügend „schwache“ Exemplare und Momente, selbst wenn er auf Souveränität hin angelegt sein sollte. Doch das weiß man – erstaunlicher ist der andere Fall: die Verwandlung von *Ohnmacht* in *Macht* (oder Eigensinn). Daß sie funktioniert und zwar

---

53 Ferree, Family..., 299.

54 Ferree, Between Two Worlds..., 534; und, im Anschluß daran, Rosen, Bitter Choices..., 170.

55 Regina Becker-Schmidt, Widersprüchliche Realität und Ambivalenz: Arbeitserfahrungen von Frauen in Fabrik und Familie, in: Kölner Zeitschrift für Soziologie und Sozialpsychologie, 32, 1980, 705ff.(719).

nur in ein paar „verrückten Augenblicken“ (Aristide Zolberg), entdeckt der Foucaultsche Blick auf Beziehungen der sozialen „Mikrophysik“.

Am Exempel läßt sich am besten verdeutlichen, worum es geht.[56] Im vorrevolutionären Frankreich hat die Möglichkeit bestanden – auch für Frauen –, eheliche (oder auch andere) Konflikte ohne den Aufwand eines gerichtlichen Verfahrens dadurch zu lösen, daß man die Polizei darum ersuchte, den Partner aus dem Verkehr zu ziehen; dazu mußte ein Schreiber aufgetrieben werden, der die Petition verfaßte; außerdem waren Honoratioren (etwa der zuständige Pfarrer) und Nachbarn so zu programmieren, daß sie die richtige Wahrheit bezeugen würden; schließlich wollte auch das Verhör des Polizeikommissars erst mal überstanden sein. Für Frauen wie Francoise Brouet war das eine günstige Gelegenheit, unverschämte Gatten zur Räson zu bringen. Ihre Petition:

„Monseigneur,
Françoise Brouet, Ehefrau von Alexandre Bruno, Südfrüchtehändler, ... nimmt sich die Freiheit, Ihre Gnaden ehrerbietig anzuzeigen, daß der besagte Alexandre Bruno, ihr Ehemann, siebzig Jahre alt, ein sehr lasterhaftes Leben führt, sich täglich mit Wein betrinkt und das seit zwanzig Jahren, seit sie mit ihm verheiratet ist; er hat alles verpraßt, was sie mit in die Ehe gebracht hat, und erregt bei der ganzen Nachbarschaft Anstoß, weil er seiner Ausschweifungen wegen den Verstand verloren hat ...“ – weswegen besagter Alexandre Bruno doch bitte „im Hospital von Bicêtre einzusperren“ sei.

Am Ende verspricht Madame Brouet, „für ein langes Leben und das Wohlergehen Ihrer Gnaden“ beten zu wollen. Die Eingabe hat Erfolg, bringt den schamlosen Gemahl hinter Gitter via königliche Order (Lettre de cachet) und befreit die Gattin vom unerträglichen Ehejoch. Das Kalkül liegt offen: durch die Unterwerfung unter eine Autorität – den Staat – wird eine andere – der Mann – „ausgehebelt“. Damit dieser Tausch funktioniert, müssen sensible Vorarbeiten erledigt, soziale Netze geknüpft und strategische Helfer hofiert werden. Indes, wenig später disponiert die Klägerin neu – (was immer sie dazu bewogen haben mag) – und organisiert ein ebenso aufwendiges Wendemanöver. Die Obrigkeit hat ihre Schuldigkeit getan und wird daher ersucht, sich künftig aus den privaten Angelegenheiten wieder herauszuhalten. Mit einer flankierenden Bitte um Freilassung verschaffen mobilisierte Kollegen, die „derzeitigen Geschworenen der Korporation der Südfrüchtehändler von Paris“, dem Ansinnen Nachdruck.

Was an dieser Epsiode und ähnlichen auffällt, ist das Phänomen der „instrumentellen“ Ohnmacht: mehreren Herren abwechselnd dienend, spielt eine Frau Abhängigkeiten gegeneinander aus und vermag dadurch, ihre

56 Arlette Farge/Michel Foucault, Die „Lettres de cachets“. Aus den Archiven der Bastille im 18.Jahrhundert, Frankfurt 1989, 58f.

Lage spürbar zu verbessern. Jedoch, die Leichtigkeit der Oberfläche verdeckt komplizierte Verhältnisse darunter.[57] Eine private Beziehung voller Probleme explodiert nach vielen Jahren mühseliger Arrangements, und wird „verstaatlicht". Der Mann hat nicht nur seiner Frau den billigen Respekt versagt, sondern dadurch ein ganzes Quartier erschüttert – das damit sozusagen als Nebenkläger fungiert. Spätestens da muß die Ordnungsmacht auf den Plan treten, die zwar nicht das private Schicksal, wohl aber der öffentliche Frieden interessiert. Erst ihre Intervention stellt in dieser Sache die Gleichberechtigung zwischen den Geschlechtern her. Die Frau hat also ihre Souveränität von den Verhältnissen – der nachbarlichen Fürsorge und staatlichen Obhut – geborgt, und mit ihnen ändert sich auch ihre Macht. Daß kurz darauf das ganze Verfahren neu aufgerollt wird, um den Gatten wieder frei zu bekommen, verweist auf eine veränderte Lage: den wirtschaftlichen Notstand einer Frau ohne Mann. Erneut geht es darum, Unterstützung zu erbitten, selbst die Innung schaltet sich ein, und die Obrigkeit soll mit dem Argument gewonnen werden, der Übeltäter habe seine Vergehen im Gefängnis sicher bereut: also auch jetzt wieder ein objektiv souveränes Jonglieren mit Autoritäten, das die Frau vielleicht als erste Bewegerin hat, doch ansonsten auf ein verwickeltes Kräftespiel zurückgeht. Allgemeiner ausgedrückt: Diese „Mikrophysik" kommt nur dann richtig zur Geltung, wenn „die darin sich entfaltende Macht nicht als Eigentum, sondern als Strategie aufgefaßt wird, daß ihre Herrschaftswirkungen nicht einer ‚Aneignung' zugeschrieben werden, sondern Dispositionen, Manövern, Techniken, Funktionsweisen; daß in ihr ein Netz von ständig gespannten und tätigen Beziehungen entziffert wird anstatt eines festgehaltenen Privilegs; daß als Modell ihr die immerwährende Schlacht zugrundegelegt wird...".[58]

Wie sehr weibliche Stärke die Bewegung des sozialen Umfelds reflektiert, zeigt sich im übrigen einiges später mit aller Deutlichkeit: „Zu dem Zeitpunkt, als man mit Recht die königliche Willkür beim Einsatz der Lettres de cachet anprangert und als die familiären Streitigkeiten nicht länger Sache des Königs sind, zeichnet sich allmählich ein häuslicher Raum ab, wo selbstverständlich der Mann die Gesetze macht. Dadurch, daß das Leben des Paares plötzlich nicht mehr mit den öffentlichen Angelegenheiten verkettet ist, wird die Frau gezwungen, von der Bühne abzutreten."[59]

---

57 Vgl. Farge/Foucault, Lettres..., 27ff.
58 Michel Foucault, Überwachen und Strafen, Frankfurt 1976, 38.
59 Farge/Foucault, Lettres..., 57.

Wenn man so will, kehrt die Frau mit dem Eintritt ins Berufsleben auf die Bühne zurück.

3.2 Positive Macht

Diese Bühne ist, im Bild geblieben, zwar mit anderen Kulissen vollgestellt und führt andere Stücke auf, in denen andere Rollen verteilt sind, doch das Generalthema hat sich nicht verändert: Macht. Eine Macht, die sich auch nützen läßt, deren Zumutungen aber zunächst einmal abzuwehren sind. Den alltäglichen Kampf der Frauen darum, sich gegen ungnädige Herren und unkomfortable Normen so einzurichten, daß das Fabrikleben „vermenschlicht" wird, entdeckt man in vielen kleinen Widerständen, die „Neuen" formlos eingeimpft, mittels Gruppendruck sanktioniert und durch Routine allmählich perfektioniert werden; dazu gehört etwa der Umgang mit Akkordraten oder ein interner Ausgleich des Arbeitsanfalls.[60]

Dergleichen passiert natürlich auch unter Arbeitern, und wie ihre weiblichen Kollegen organisieren sie ebenfalls informelle Netzwerke, um die Arbeitskultur auf einen „sozialverträglichen" Stand zu bringen. Doch bei Frauen reicht diese Vergemeinschaftung weiter – ein Hauch von Familie weht durch die Fabrik und etabliert dort Gegenwelten intimer Vertrautheit. Das „Verhausungs"-Syndrom ist schon mehrmals ins Blickfeld geraten: als Vehikel für schöne Träume gegen den öden Alltag (Hochzeits-Klatsch) oder als Nährboden für kollektive Widerstände. Doch sind das nur Segmente einer verzweigten Kultur des Gefühls, die dem kalten System Betrieb menschliche Wärme zuführt: „Wir sorgen wirklich füreinander und machen uns Sorgen umeinander." (II, 69)

Geteilt werden „Freud und Leid" und auch die Routine. Schon das Faktum, daß man sich unter Freundinnen weiß, taucht den Alltag in ein rosig(er)es Licht:

„Nun, die Arbeit macht uns eigentlich nicht soviel Spaß, aber woanders hin wollen wir auch nicht. Hier hast du Freundinnen, die dich immer wieder aufrichten. Dann sagst du: ‚So schlecht ist es auch wieder nicht.' – „Ich arbeite gern hier. Die Leute sagen, Fabriken sind schrecklich, aber in Wahrheit sind sie das gar nicht. Wenn du nie in einer gewesen bist, sehen sie schlimm aus, aber wenn du hier arbeitest und alle deine Kolleginnen siehst..." – „Man langweilt sich nie, weil immer etwas passiert und weil die anderen Mädchen so nett sind, so daß wir immer unseren Spaß haben." (IV, 90).

---

60 Vgl. dazu etwa Lamphere, Working Daughters..., 289ff.

Spaß, d.h. zusammen eine Kaffeepause machen, über Chefs und andere Männer Witze (mehr oder minder harmloser Natur) reißen, Süßigkeiten teilen, über Filme reden, Geburtstage feiern (mit selbstgebackenem Kuchen) etc.pp. Das sind zwar alles nur Kleinigkeiten, aber dann, wenn sie einmal wegfallen, wird klar, wie wichtig sie tatsächlich waren und welchen Unterschied sie gemacht haben. Früher (konkret: vor der von oben verfügten Umsetzung), da hat man

„schon viel geschafft ..., aber in einer ganz anderen Atmosphäre. Das Klima hat gestimmt, und wenn das Klima stimmt, dann schafft man nochmal so gern. Wenn Sie da morgens schon kommen und haben einen schönen Pullover an, dann heißt es heute: ‚Ja wie, hast Du heute schon den Sonntag im Kopf?'. Früher dagegen hieß es: ‚Hui, bist Du aber schick!'" (I, 17)

Früher, da war einfach die ganze Stimmung besser:

„Es hat einer auch noch Spaß gemacht!" – „... jetzt will ich noch ein Beispiel sagen. Wenn da eine in Urlaub ist, da hat man den Urlaub gar nicht so wichtig genommen. Weil man da gewußt hat, da ist man in der Kameradschaft, da ist man ja sogar ungern in Urlaub gegangen. Weil wir einfach so eine Clique waren ... wir haben uns einfach verstanden." – „Bei uns war die Post Urlaub." (I, 25)

Früher – das war auch vor Einführung der neuen Maschine:

„Du hast eigentlich viel mehr Zeit gehabt, dich mit deinen Kolleginnen zu unterhalten, egal ob eine Neue gekommen ist oder nicht. Wenn du als Neue gekommen bist, warst du gleich aufgenommen in der Gemeinschaft, weil das einfach alles noch familiärer war. Und man hat dann auch ab und zu ein Fest miteinander gefeiert und so. Was eigentlich jetzt nicht mehr ist. Du kennst doch die Leute bald gar nicht mehr ..." (I, 86).

Die zunehmende Distanz, deretwegen es schon den Spaß nicht mehr gibt, hindert noch stärker daran, ernste Dinge zu bereden – was unter weitermaschigen Umständen möglich und wichtig war:

„Es ist ja so ... du hast gar nicht die Zeit, dich damit zu befassen. Was kann man da verändern, so groß? Die eine sagt, sie hat Kopfschmerzen ... da fragt man sich ja auch manchmal, woher das kommt. Wenn du aber gar nicht die Möglichkeit hast, dich zu unterhalten ... Kommt das von der Maschine, kommt das von der Konzentration, kommt das vom Alltag oder woher auch immer. Die hat sie eben." (I, 88) Wirklich nachzuforschen – „das klappt einfach nicht. Da reicht die Pause nicht aus, und im Codierraum kannst du's schon zweimal nicht, und draußen an der Maschine geht's überhaupt nicht." (I, 88)

Daß das alles „früher" anders war, und daß heute die Gestaltungskraft der Frauen manches Mal nur noch in der Erinnerung an bessere Zeiten erfahrbar gemacht werden kann, ist ein Indiz für jene dauernden ‚Schlachten', die nach den Gesetzen einer „Mikrophysik der Macht" (Michel Foucault) geschlagen werden. Die „Kultur der Weiblichkeit" (Sallie Westwood) floriert nicht in Reservaten, sondern hat sich auf umstrittenem Terrain zu behaupten, das sie verteidigen muß und ausdehnen will gegen äußere Widerstände und innere Gegensätze, gegen offene Attacken und geheime Verführungen, gegen männliche Repressionen und weibliche Aversionen. Hin und wieder ist der Kampf (auf kurze Sicht jedenfalls) vergleichsweise leicht zu gewinnen:

„Er [der Reutlinger Postvorsteher] hat uns immer vorgehalten: ‚Wartet, bis Ihr nach Tübingen kommt!‘ Und das war also zwölf Jahre lang, mir ist das schon so auf den Geist gegangen...“ – „Er hat gemeint, wir haben nicht genug gearbeitet ... für'n Betrieb ... und wenn er uns erwischt hat ... manchmal standen wir auch und haben ganz schön ... nee ... Aber wir haben ja immerhin unsere Arbeit trotzdem gemacht, fertig geworden sind wir immer. Aber wenn der dann 'ne Wut hatte ... ‚Das gibt es in Tübingen nicht, da seid Ihr an den Maschinen, Ihr werdet nie mehr zusammen schwätzen!‘ Und so ein Zeug. Und wir haben ... da ging's rein und da raus ... nur noch gelacht.“ (I, 34)

In anderen Situationen gehört mehr Mut dazu, die Front zu halten:

„Du, der [Tübinger Postvorsteher] geht mir auf den Wecker mit seinen Zahlen, das glaubst Du nicht. Dann kommt er dauernd her: ‚Ha, jetzt rennt sie wieder, jetzt läuft es aber nicht so.‘ Und damals ging die Frau H. in den Codierraum rein, und da hat er wortwörtlich gesagt: ‚Und jetzt geht auch eine rein, die nicht viel bringt.‘ ... Die nicht viel bringt! Und dann hab' ich gesagt: ‚Herr W., das interessiert mich überhaupt nicht! Es gibt schlechte Tage und es gibt gute Tage, die gibt es auch bei mir!‘“ (I, 62)

Andere Angriffe sind schwerer abzuwehren. Denn sie können auf Kollaboration setzen: einige Frauen

„sind sich halt irgendwie schon ... wie die Chefin selber vorgekommen.“ – „Wir waren so manchen Abend richtig unter uns. Der Chef ist um 5:00 Uhr gekommen und hat geguckt, ob alle da sind. Dann ist er gegangen, da hat man den den ganzen Abend nicht gesehen. Und da hat er sich gedacht, er hat ein paar Frauen da, die das dort beherrschen und da sollte man sich an die halten. Und die haben halt immer gemeint, sie seien etwas Besseres.“ (I, 64)[61]

Doch ebenso zäh, wie Chefs darauf aus sind, fremdes Gebiet zu infiltrieren, kämpfen Frauen (stärker vermutlich als Männer) darum, den Bereich auszudehnen, in dem sie als Personen respektiert werden – und sei es nur auf der symbolischen Ebene:

61 Solche Spaltungen – entlang beruflich, ethnisch oder einfach opportunistisch gezogener Grenzen – spielen in vielen Analysen eine Rolle; s. etwa Sacks, Caring...; dabei variiert die Form der Brückenkopf-Bildung innerhalb eines breiten Spektrums – im Extremfall kommt es sogar dazu, daß besonders hartnäckige Widersacherinnen durch eine Beförderung „umgedreht“ werden; s. etwa Costello, Women Workers....

„... die Herren kannst du vergessen da oben. Die laufen durch [den Betrieb]. Die nehmen einen überhaupt nicht wahr! Wenn der Chef morgens 'reinkommt, dann könnte man doch wahrlich verlangen, wenn der hinten zur Tür ‚reinkommt, daß er sagt: ‚Guten Morgen'. Nix! Der läuft in den Aufzug 'rein und macht nicht Muh und nicht Mäh. Ich habe ihm dann sagen müssen: ‚Guten Morgen. Sagt man hier nicht mehr Guten Morgen?'" – „Ja, das hast Du ihm beigebracht!" – „Und was hat er dann gesagt?" – „Guten Morgen!" – „Wie die das gesagt hat, da hat er ja nicht mehr anders können." – „‚So', habe ich gesagt, ‚so gehört sich das auch!' Ich habe da mein Maul nicht gehalten." (I, 64)

Bei aller Subtilität und Raffinesse vereinfachen Scharmützel solcher Art den Schlagabtausch, weil ihre Fronten klar sind und die Feindbilder stimmen. Doch häufig verwirren Zweideutigkeiten, Konturen verwischen, und das Schlachtfeld vernebelt sich. Das passiert dann, wenn clevere Chefs die Gefühlskultur infiltrieren und familiäre Motive dafür einsetzen, bei „ihren" Frauen oder gar „Mädchen" stille Reserven oder geheime Widerstände aufzuspüren.[62] Wie gesagt, „wenn das Klima stimmt, schafft man nochmal so gern".

Vollends vertrackt werden die Verhältnisse dort, wo die Frauen ihre Positionen genau dadurch schwächen, daß sie dem „harten" Alltag den „sanften" Touch erfolgreich überstülpen. So beschreibt Sallie Westwood als eine Standardform der Vermenschlichung

„die Idee des Besitzes, ausgedrückt durch die Rede von ‚meiner Maschine', die eine Art Kontrolle suggerierte. Um ihren Besitzanspruch noch zu bekräftigen, haben sie die Maschinen dekoriert: sei es mit Fotografien eines Familienmitglieds, des Hundelieblings oder eines Stars, der gerade ‚in' war, sei es mit einem Bild – Postkarte, Illustriertenfoto –, dessen Motiv meist ein süßes Kind war." (IV, 21)

Auf diese Weise erhalten Maschinen ein menschliches, zumindest vertrautes Gesicht, erschleichen sich den Anspruch auf menschliche, zumindest fürsorgliche Behandlung. Damit passiert das Umgekehrte: Macht schlägt in Ohnmacht um. Und Ohnmacht ist da kein abstraktes Gefühl von Kontrollverlust im allgemeinen, sondern eine ganz konkrete Auslieferung an extreme Arbeitsanforderungen, wie sie so beim anderen Geschlecht nicht (leicht) vorkommt:

„Ja, wer macht denn den Dreck? Ja glauben Sie denn, daß ein Mann...? Die wehren sich doch mit Händen und Füßen. Die würden nicht zweimal schaffen wie wir!" (I, 16)

Eine hermetisch abgesicherte Doppelausbeutung („zweimal schaffen" und „wie die Irren") von Frauen, sobald sie auch noch in der Fabrik ihr Heim einrichten: diese Gefahr droht permanent. Unter Kontrolle wird sie dadurch

---

62 Vgl. Westwood, All Day..., 24ff.

gehalten, daß die Konstellation genügend Widersprüche enthält, aus denen sich Widerstände entwickeln (können).

3.3 Negative Macht

Solche Widerstände wirken negativ, d.h. sie haben nicht den Zweck, fremdes Gebiet zu „kolonialisieren“ (nach dem Muster des Heims im Betrieb), sondern fremde Ansprüche auf das eigene Terrain abzuwehren. Derartige Übergriffe passieren laufend, am Arbeitsplatz wie zuhause. Das doppelte Pensum der Frau macht sie dafür verwundbar *und* gibt ihr ein Gegenmittel in die Hand: den Druck des konkurrierenden Einsatzbereichs. Gleichzeitig kann man eben nicht zwei Herren dienen, jedenfalls nicht „richtig“.

Dies Druckmittel entfaltet seine Wirkung dann am besten, wenn ein konkurrierender Sachzwang ins Feld geführt werden kann – etwas, das nach herrschender Meinung unbedingt sein muß und keinen Aufschub duldet (die Strategie jener Madame Brouet). So läßt sich der Expansionsdrang von Dienstaufgaben wirkungsvoll mit dem Nachweis begrenzen, daß mehr Arbeitsaufwand auf Kosten von Mutterpflichten gehen würde:

„Und da hat man anfangs zuerst gesagt, ich müßte also Freitag morgens und dann am Montagmorgen arbeiten, und dann habe ich gesagt: ‚Nein, das kann ich nicht machen.‘ Montagmorgens habe ich niemand, samstags wäre gegangen, weil mein Mann dann da ist. Dann hat es zuerst geheißen, dann müßte ich halt das Kind, das damals noch nicht geboren war, müßte ich also dann weggeben. Da habe ich gesagt: ‚Das mache ich unter keinen Umständen. Das kommt für mich nicht in Frage!‘ Dann soll man es doch so machen, daß ich den Freitagmittag und Samstagmorgen komme. Also das ist dann auch durchgegangen, und so ist es auch geblieben.“ (I, 24)

Der Kampf um Freiräume – die dann doch nicht frei sind, sondern für andere Arbeiten draufgehen – gleicht einem zähen Grabenkrieg, in dem um kleine Vorteile gerungen wird und der nur für Momente zur Ruhe kommt. Kaum ist eine Front gesichert, wird fürs nächste Gefecht gerüstet:

„Dann habe ich gesagt, man soll mal schauen, daß die Frauen einmal, wenigstens einmal im Monat einen Samstag frei bekommen. Dann hat der Personalratsvorsitzende gesagt: ‚Frau S., das geht nicht, das geht nicht!‘ ‚Mein lieber Mann‘, habe ich dann gesagt, ‚mein lieber Mann, wenn man will, dann geht das. Die Briefträger haben auch mal einen Tag frei. Und das steht uns nämlich, uns Frauen, auch zu!‘ Damals hat man das so gemacht, da bin ich nämlich im Personalrat gewesen, da hat man das dann so gemacht, daß jede dritte Frau jeden dritten Samstag frei hat. Das ist dann auf einmal gegangen. Zuerst hat man ein großes Palaver gemacht, aber ich hab' nicht locker gelassen und gesagt:

‚Warum nicht?‘ Wir sind ja berufstätig, haben einen Haushalt und Kinder. Dann sind wir schon zufrieden gewesen, wo wir das bekommen haben.“ (I, 23)

So lauten Meldungen über punktuelle Erfolge, errungen im täglichen Kleinkrieg von Frauen, die dank der kollegialen „Unterstützung und Solidarität im Betrieb eine Art Demystifizierung zustande bringen“ (Sallie Westwood). Was anders als sachlicher Zwang (des Betriebs) oder natürlicher Anspruch (des Vorgesetzten) hingenommen worden wäre, wird nun eine disponible Sache, zu verhandeln nach „menschlichen“ Grundsätzen. Das hilft auch im Falle häuslicher Konflikte, wenn gegen eingefahrene Hausfrauen-Attitüden und wohlerworbene Hausherren-Rechte das aufgeklärte Interesse an ‚tätiger‘ Anerkennung des beruflichen Stresses durchgeboxt werden muß:

„Ich schaue noch ein wenig fern, trinke einen Tee, rauche eine Zigarette und versuche, ein bißchen abzuschalten.“ – „Irgendwie richte ich es so ein, daß ich ausgeruht bin, daß ich [am Arbeitsplatz] die Leistung bringe. Ich mache morgens dann den Haushalt und lege mich mittags ein, zwei Stunden hin. Ich putze weniger wie früher.“ – „Ab Mittag läuft nicht mehr viel, da muß ich mich praktisch erholen für den Spätdienst. Ich will ja gut sein, muß mich praktisch erholen, daß ich gut bin. Ich muß mich darauf schon ein bißchen vorbereiten, daß ich eine Leistung bringe.“ (I, 78, 76)

Sich hinlegen, Tee trinken, fernsehen, weniger putzen und die kategorische Feststellung, daß ab einem bestimmten Zeitpunkt im Haus nicht mehr viel läuft: das sind Bodengewinne im häuslichen Verteilungskampf, dem eigenen Rollenverständnis wie der fremden Erwartung mühsam abgerungen und nur erreichbar, weil unabweisbare Erfordernisse des konkurrierenden Sektors in die Waagschale geworfen werden können: auch dort muß man schließlich „gut sein“, „Leistung bringen“. Umgekehrt bröckelt der persönliche Widerstand in dem Moment, da die soziale Situation ihm den Boden entzieht, weil sich Zwänge lockern. Sei es, daß zeitliche Vorgaben entfallen:

„Ha, früher war es ja so: Da haben wir bis 20:30 Uhr geschafft, dann war es fast 21:00 Uhr, bis wir nach Hause gekommen sind. Dann hat der Mann die Kinder ins Bett bringen müssen! Jetzt komme ich um 19:00 heim, dann ist da noch alles. Vorher war alles fix und fertig.“ – „Also, so war es auch bei mir. Bis ich gekommen bin, hat mein Mann die Tochter schon im Bett gehabt ... und dann war Ruhe. Und dann habe ich eigentlich Feierabend gehabt.“ – „Bis ich gekommen war, war die Küche sauber und alles o.k. Ich hab' mich dann können hinsetzen, hab' dann Feierabend gehabt. Und jetzt ist es halt so: jetzt ist man da, dann macht man es ja.“ (I, 20)

Sei es, daß die sachliche Verpflichtung abnimmt und soziale Kür-Aufgaben zur Debatte stehen, etwa (gewerkschafts-)politische Aktivitäten:

„Und also, wenn ich jetzt z.B. einen Posten hätte, sei es im Betriebsrat oder als Vertrauensfrau, und ich müßte zu einer Versammlung gehen, okay, er akzeptiert das, daß ich vielleicht einmal in der Woche weg bin. Manchmal auch zweimal. Wenn aber das ein Dauerzustand würde, dann glaube ich, würde er schon auf die Barrikaden gehen. Nee, nee, das akzeptiert er nicht. Er will ja keine emanzipierte Frau ... zuhause nicht. Ja also, wehe, ich würde ..." (I, 120)

Arbeiten ja, ein bißchen Politik auch – aber was zuviel ist, ist zuviel; wie gesagt: Frauen sollen „irgendwo auf dem Teppich bleiben" (I, 120), und der liegt schließlich Zuhause. Allerdings würde die Komplexität des Konflikts wieder verkürzt, wollte man ihn wie ein einfaches Nullsummenspiel behandeln, demzufolge jede „Hausaufgabe" als Machtverlust gerechnet wird. Schließlich sind Ehefrau und Mutter Rollen, die Autonomie, Sicherheit, Respekt, aber auch Befriedigung verschaffen. Da wird situative Gegenmacht leicht ein persönliches Wagnis, das schlecht ausgeht:

„Aber auf die Dauer war die Ehe belastet. Weil, wenn man jung ist und ist abends nie zuhause [weil auf Spätschicht], dann kommt der Mann und es wird ihm langweilig und er geht dann aus, und dann mit dem Argument: ‚Was soll ich alleine rumsitzen?' ... Da ist man praktisch schuldig, wenn du abends weg bist. Es war für unsere Ehe nicht gut. Ich hätte lieber zu einer anderen Zeit gearbeitet. Es war eine ganz große Schwierigkeit, daß wir uns fast auseinander gelebt haben. Viele junge Ehen sind daran gescheitert, wenn man sich nie sieht. Von den Arbeitskolleginnen sind die meisten geschieden." (I, 68)

Und Scheidung ist, wie gesagt, etwas, das Frauen in dieser Lage gewöhnlich teuer zu stehen kommt, materiell und moralisch. Vor dem großen Knall kommt es zu kleinen Eklats im laufenden Alltag, Indizien für schleichende Verschiebungen der Machtbalance. Wenn eine Tochter ihrer Mutter mitteilt: „Wie, bist Du heute daheim? Öh, geh' lieber arbeiten!"; oder eine andere die Mutter versehentlich mit „Papa" anredet, weil sie zur fraglichen Zeit eben nur den Vater zu sehen gewohnt ist (I, 71, 73), dann verschwimmt die Grenze zwischen Macht und Ohnmacht – mit dem erwartbaren Resultat, daß Frauen, um mit Sicherheit auf der richtigen Seite zu stehen, sich (noch) stärker ausbeuten.

4. Freiheit, Gleichheit, Weiblichkeit

Wenn so die *Tugend der Not* aussieht, voller Mühsal, andauernd prekär, potentiell selbstzerstörerisch – ist es dann nicht überfällig, die *Not der Tugend* zu lindern? Falls jenes Bild von der „Laffer-Kurve" stimmt, das ganz am Anfang stand und besagt, daß es einen optimalen Belastungsgrad gibt, hat Arbeit, wie sie bei den Frauen unserer Stichprobe anfällt, kaum „frei" gemacht. Der Punkt, an dem Erleichterungen in eine Unterforderung umschlagen, liegt noch in weiter Ferne; bis er erreicht ist, kann noch manche Reform von Rechtsvorschriften und Verhaltensroutinen auf den Weg gebracht werden: Lohnangleichung, Quotenanpassung, flexible Arbeitszeiten, humanere Arbeitsbedingungen, verbesserter Mutterschutz, erleichterter Wiedereinstieg ins Berufsleben, Kinderkrippen, Neubewertung der Hausarbeit, eine faire Arbeitsteilung im Haushalt etc.pp. Diese Neuerungen stehen auf der politischen Tagesordnung, werden immer wieder heftig diskutiert, mehr oder minder energisch eingefordert und schrittweise auch verwirklicht. Parteien haben sich ihrer programmatisch angenommen, Gewerkschaften „kämpfen" für sie, manchmal an der Seite einsichtiger Unternehmer, Ministerien ersinnen einschlägige Vorschriften, alles nach der Devise, daß ein Job zu wenig ist, während beide zuviel sind.[63] Dieses Motto spricht den betroffenen Frauen aus dem Herzen – sie hängen an ihrem konkreten Leben und wollen es nur etwas leichter haben.

Andere Frauen mit anderem Hintergrund haben andere Vorstellungen. Das erweitert den Horizont der Betroffenheit und eröffnet neue Perspektiven – mit welchem Gewinn, muß sich zeigen.[64]

63 So das Fazit Regina Becker-Schmidts in: Widersprüchliche Realität..., 719.

64 Die Klassifikation der Perspektiven orientiert sich an Christine Di Stefano, Dilemmas of Difference: Feminism, Modernity, and Postmodernism, in: Nicholson (Hg.), Feminism /Postmodernism..., 63ff.

4.1 Das kodifizierte Klischee

Die Strategie des Alles-aber-Weniger birgt ein offensichtliches Risiko: Wer sich darauf einläßt, ist schnell in beiden Bereichen, Arbeit und Beruf, an den Rand gedrängt: „Frauen, die den Streß ihrer Tätigkeit in zwei unterschiedlichen Arbeitssystemen mit zwei unterschiedlichen Organisationsprinzipien begrenzen wollen, suchen sich häufig marginale Positionen aus" – wie etwa Zeit- oder Teilzeitarbeit – „und finden dann heraus, daß diese Alternativen ökonomisch diskriminiert werden."[65] Der Standpunkt, von dem hier die Rede ist, ein „rationaler", auf Gleichberechtigung und -belastung bedachter Feminismus, will dieser Gefahr dadurch vorbeugen, daß er den weiblichen Wert *rechtlich* fixiert – das Recht soll die Arbeits- und Belastungszonen frauenfreundlich fixieren, etwa mittels geregelter Quoten in attraktiven Berufen oder durch Ehegesetze, die Frauen zu mehr Selbständigkeit verhelfen.

Um dabei nicht auf den unsicheren Spielraum männlicher Toleranz angewiesen zu sein, müssen sich die Frauen selbst den Zugang zum Recht verschaffen, d.h. zugunsten eines politischen Engagements in der liberalen Öffentlichkeit ihre traditionelle Beschränktheit auf die private Sphäre abschütteln, um das staatliche Handeln aus seinem „chauvinistischen" Phlegma zu reißen. Gemäß dem gutbürgerlichen Common sense hatten Frauen in der Politik eigentlich zu schweigen. Ihre Tugenden sollten zuhause aufblühen, und der Ehevertrag galt als Zeichen des Einverständnisses mit dieser Arbeitsteilung – womit er freilich nur als vernünftig kodifizierte, was ihnen die Natur sowieso vorgeschrieben hatte.[66] Doch dieses Postulat verliert (auch noch) seine immanente Berechtigung, wenn sich das komplementäre Prinzip als ideologische Fiktion erweist: nämlich der Grundsatz vom un- oder vorpolitischen Charakter des Privaten, in dem jene Natur pur walten würde. Inzwischen haben „Feministinnen herausgestellt, wie stark die persönlichen Umstände durch öffentliche Faktoren geprägt sind – durch Gesetze zu Vergewaltigung und Abtreibung, durch den Status der ‚Ehefrau', durch die politische Gestaltung der Jugendfürsorge und die Verteilung so-

---

65 Ferree, Between Two Worlds..., 535.

66 Vgl. dazu Susan Moller Okin, Women in Western Political Thought, Princeton 1979; Jean Bethke
Elshtain, Public Man – Private Woman, Princeton 1981; Carole Pateman, The Disorder of Women, Cambridge 1989; einen Eindruck vom historischen Verlauf dieser Spaltung vermittelt am konkreten Fall Ruth H. Bloch, The Gendered Meanings of Virtue in Revolutionary America, in: Signs, 13, 1987, 37ff.

zialstaatlicher Leistungen...". Kurz: „Das Persönliche ist das Politische",[67] auch darin, daß jenes Klischee vom Heimchen am Herd sich deswegen so universell festsetzen konnte, weil der Gesetzgeber es kodifiziert hat.

Männer haben ihre öffentlich-private Doppelpräsenz dafür genutzt, den Status als „Herr im Hause" rechtlich abzusichern – „via Gesetz institutionalisiert der Staat die männliche Herrschaft, indem er den männlichen Standpunkt legalisiert. Sein erster Staatsakt ist es, die Frauen aus der Warte des männlichen Vormachtinteresses zu sehen; sein nächster Akt ist es, sie so zu behandeln."[68] Schon deshalb müssen Frauen darauf insistieren, durch Frauen politisch repräsentiert zu werden – ganz abgesehen vom republikanischen Ideal eines Vollbürgertums, das ihre privatistische Halbierung ebensowenig duldet.[69]

Doch zeichnet sich hier ein weiteres Dilemma ab. So wie die liberale Sicht einerseits den „künstlichen", sprich: staatlichen Anteil an der Produktion sozialer Ungleichheit unterschätzt, so neigt sie andererseits dazu, den Wirkungsgrad staatlicher Korrekturen überzubewerten, und vernachlässigt darum jenen beträchtlichen Restbestand an „natürlicher" Repression, der auf gesellschaftliche (betriebliche, häusliche) Praktiken zurückgeht: „Frauen sind sozial unterdrückt, also bevor das Recht wirkt, ohne aktive Staatseingriffe, häufig in intimen Verhältnissen."[70] Was dort passiert, wird dem Reich der „negativen Freiheit" (Isaiah Berlin) zugerechnet und bleibt dem souveränen Zugriff entzogen (weitgehend jedenfalls). Zum Beispiel, oft festgestellt und beklagt: Frauenarbeit konzentriert sich auffällig in unteren Lohngruppen, ein sozialer Skandal, der dann und wann auch dem liberalen Gewissen zu schaffen macht. Doch das findet leicht seine Ruhe wieder: denn 1. würden auch Männer für die gleiche Tätigkeit nicht besser bezahlt – daß sie an solchen Arbeitsplätzen kaum gesehen werden, steht auf einem anderen, rechtlich belanglosen Blatt; 2. liegt es bei den Frauen, nach Höherem zu streben, dorthin, wo es für qualifizierte Arbeit gutes Geld gibt – daß sie an solchen Plätzen selten auftauchen, geht (abgesehen von Ausnahmefällen) den Staat nichts an. Beidesmal kann der liberale Beschauer nur schlußfolgern: Frauen sind eben „anders" als Männer, setzen andere Priori-

---

67 Pateman, The Disorder..., 131.

68 Catherine A. MacKinnon, Toward a Feminist Theory of the State, Cambridge, Mass. 1989, 169.

69 Über die Geburtswehen der weiblichen „Verbürgerlichung" berichten u.a. Linda K. Kerber, Women of the Republic. Intellect and Ideology in Revolutionary America, New York 1986, und Joan B. Landes, Women and the Public Sphere in the Age of the French Revolution, Ithaca 1988.

70 MacKinnon, Toward..., 165.

täten, geben sich mit weniger zufrieden, wollen halt nicht.[71] Der frauenfreundliche Liberalismus, die Einsicht bestätigt sich hier, unterstützt „Staatseingriffe zugunsten von Frauen als abstrakten Personen mit abstrakten Rechten, ohne Inhalt und Grenzen dieser Konzepte im Lichte des Geschlechterproblems zu prüfen."[72] Anders gesagt: Das Stereotyp der weiblichen Defizienz ist gewandert – hatte es einst Frauen von den öffentlichen Geschäften ferngehalten, so bedient man sich seiner jetzt, um private Männerbastionen zu zementieren.

Wie gesagt, die feministische Kritik am liberalen Staat und seinem Recht geht nicht so weit, das Gesetz als Waffe gegen Unterdrückung und Ausbeutung einfach auszurangieren. Es hat in seiner überkommenen Form bestimmte Fortschritte gebracht und ist offen für einen effektiveren Einsatz, sobald Frauen genügend politischen Druck machen. Dann könnten öffentliche Interventionen auch dahin vorstoßen, wo radikale Stimmen die Crux allen Übels sehen: „Der originäre Feminismus ... hat die Dynamik der sozialen Bestimmung des Geschlechts [gender] in der Sexualität von Dominanz und Unterordnung, in der Sexualität der Ungleichheit festgemacht – Geschlecht [sex] als Ungleichheit und Ungleichheit als Geschlecht."[73]

Das Politische ist das Persönliche, und das Persönliche ist das Biologische – doch nicht in jenem abgehalfterten Sinn von „Geschlecht und Charakter"; worum es vielmehr geht, ist das (behauptete) Faktum, daß die Machtverhältnisse, unter denen Frauen zu leiden haben, letztlich an ihrer Sexualität aufgehängt sind. Vor männlichen Übergriffen (Enthumanisierung, Belästigung, Vergewaltigung) zu schützen, wäre daher das erste Gebot einer „feministischen Jurisprudenz" (MacKinnon); alle Hilfsangebote, die später einsetzen – etwa beim Phänomen der Doppelbelastung als arbeits- oder tarifrechtlicher Materie – blieben deshalb oberflächlich, und mangels tauglicher Instrumente sähen sich selbst gutwillige Helfer darauf beschränkt, an Symptomen herumzukurieren.

---

71 Diese Konstellation hat Mitte der achtziger Jahre in Amerika zu einem spektakulären Prozeß gegen – wirkliche oder scheinbare Diskriminierungspraktiken des Kaufhaus-Giganten Sears geführt – mit dem Ergebnis, daß „das Argument der Andersartigkeit der Frauen gewonnen und die Sache der Frauen verloren hat"; s. MacKinnon, Toward..., 223.

72 MacKinnon, Toward..., 160. Von dieser problematischen Abstraktheit existiert auch eine feministische Variante: sie insistiert, gut aufklärerisch, auf eine den Differenzen vorgelagerte allgemeine Vernunft als Basis des weiblichen Gleichheitsanspruchs; s. etwa Natalie Harris Bluestone, Women and the Ideal Society, Oxford 1987.

73 MacKinnon, Toward..., 241.

4.2 *Der kulturelle Körper*

Liberale Emanzipationsrechte haben zumindest für solche Frauen etwas gebracht, die „das traditionelle Verhältnis zu den Männern durchbrechen und abstrakte Personen werden" – als Belohnung winkt ihnen „das Privileg, den männlichen Standard zu erreichen und dafür jenen Einstandspreis zu bezahlen, der in der männlichen Programmierung vorgesehen ist".[74] Man bietet ihnen gewissermaßen eine „gepfefferte Gleichheit" (MacKinnon), denn ihren Kampf um Erfolg führen sie unter erschwerten Bedingungen: Mehrarbeit und Überanpassung müssen gegen Vorurteile dokumentieren, daß „Sie sich in Ihn auflöst".[75] Hier hakt eine zweite Richtung des Feminismus ein – mit der hauptsächlichen Absicht nachzuweisen, daß dieses Kalkül für die Frauen (und die Gesellschaft) nicht aufgeht.

Präsentiert man die Gegenrechnung in biologischen Kategorien, fällt sie besonders resolut aus – es gibt dann nur den Weg zurück zur weiblichen Natur, die dem männlichen Charakter prinzipiell überlegen und der männlichen Seele prinzipiell verschlossen ist. Alles läge an der „weiblichen Biologie: der Fähigkeit, Kinder zu gebären und aufzuziehen. Möglicherweise erzeugt die innere [das heißt hier: genetische] *biologische* Verbindung zwischen Mutter und Embryo oder Mutter und Kind jene *psychologischen* Eigenschaften, die seit Urzeiten den Frauen zugesprochen worden sind..."[76]

Durchgesetzt hat sich der krude Biologismus nicht, teils weil er mehr als seine mystische Ahnung vom weiblichen Körper analytisch nie ins Feld führen konnte, teils wegen des politischen Effekts: „Anwältinnen des sozialen Wandels" propagieren einen „biologischen Determinismus", der ihre Sache zum hoffnungslosen Fall macht und ihre Schwäche auf alle Zeiten festschreibt: Anatomie als Schicksal.[77]

Theoretisch und praktisch verbessert sich die Perspektive, sobald man den Körper als kulturelles Produkt begreift: eine variable, daher gestaltbare Einheit von Physiologie und Interpretation. Auf den Plan tritt der psychoanalytische Feminismus mit seinem Postulat, daß „es eine angeborene Männlichkeit oder Weiblichkeit nicht gäbe": „Wie man die eigene Physiologie versteht, wie man über sie phantasiert, sie symbolisiert, intern reprä-

74 MacKinnon, Toward..., 227.

75 Di Stefano, Dilemmas..., 77.

76 So Jane Alpert (1973), zit. nach Jaggar, Human Biology ..., 34; einflußreiche Schriften des biologistischen Genres stammen von Mary Daly (Gyn/Ecology, London 1972) und Adrienne Rich (Of Woman Born, New York 1976).

77 Jaggar, Human Biology..., 35f.

sentiert oder mit ihr sich fühlt, all das hängt von Entwicklungserfahrungen in der Familie ab, ist in vielfältiger Weise mit dieser Physiologie verknüpft, und geht vielleicht auf Faktoren zurück, die mit ihr überhaupt nichts zu tun haben."[78]

Nach Nancy Chodorow, der darin viele gefolgt sind, gabeln sich die Wege von „Mann" und „Frau" im frühkindlichen Alter als Resultat der unterschiedlichen Mutter-Kind-Beziehung: weiblich-weiblich ziehen sich an, weiblich-männlich stoßen sich ab, grob gesagt: „Die Erziehungsarbeit der Mütter reproduziert sich selbst dadurch, daß sie in Männern und Frauen unterschiedliche Erfahrungen der Objektbeziehung und unterschiedliche psychische Ergebnisse erzeugt. Weil sie von einer Frau erzogen worden sind, wollen Frauen eher als Männer selbst Mütter sein." Töchter „wachsen auf und identifizieren sich mit solchen Müttern", während bei Söhnen diese Entwicklung blockiert ist, weil sie „im frühkindlichen Alter von ihren Müttern als ein Anderes behandelt worden sind: also Identität durch Verbindung versus Identität durch Trennung."[79]

Das Schicksal der Frauen vollzieht sich so nach einem ehernen Gesetz: „Frauen erziehen Töchter, die, Frauen geworden, selbst Mütter werden" (Chodorow); doch dieses Gesetz ist Kultur-, nicht Naturereignis, es basiert nicht auf sachlichen Zwängen, sondern sozialen Arrangements – und könnte daher geändert werden, wenigstens im Prinzip.

Jener Feminismus, um den es hier geht, will das aber gar nicht so ohne weiteres, weil er in der Differenz eine Chance und im weiblichen Part eine Hoffnung sieht: Frauen sind zugleich „das schwächere Geschlecht und die bessere Hälfte".[80] Schöner noch: was wie eine zweischneidige Sache aussieht – „besser" gegen „schwächer", mehr Wärme, doch weniger Einfluß, höhere Sensibilität, dafür geringere Resistenz, größere Verantwortung bei kleinerem Radius, auch: doppelte Last mit menschlichem Umgang –, das scheint tatsächlich so etwas wie ein Genuß ohne Reue zu sein, weil sich Kosten hinterrücks in Gewinne verwandeln und aus Schwäche Stärke wird (von einer besonderen Art allerdings): „Die Macht der Mutter über das Kind, samt ihrer sinnlichen und erotischen Beziehung zu ihm, münden bei gesunden Beziehungen in die Erschaffung eines unabhängigen und selbständigen Wesens. Daher liegt das Interesse an Macht darin, die andere Per-

---

78 Nancy Chodorow, The Reproduction of Mothering, Berkeley 1978, 154 (dt. 1986).

79 Chodorow, The Reproduction..., 205ff.

80 Emily Stoper/Roberta Ann Johnson, The Weaker Sex and the Better Half: The Idea of Women's Moral Superiority in the American Feminist Movement, in: Polity, 10, 1977, 192 ff.

son zu befreien, anstatt sie zu beherrschen oder zu töten....“[81] – worauf männliche Macht abzielt, der nicht von ungefähr das Gespür für ihre Alternative abgeht.

Offenbar kann sich das männliche Denken den Mangel leisten, weil es an dieser Front mit einem Feminismus konfrontiert ist, dessen besonderer „Dreh“ darin besteht, daß er statt Verhältnissen Interpretationen ändert. Denn die neue Macht der Frauen ist ja doch nur ihre alte Rolle, und deren gesellschaftliche Bedeutung war seit je ebenso unbestritten, wenn es ums Ganze ging, wie unerheblich, sobald Rechte verteilt worden sind. Mehr noch, sie kommt, weil nach Anspruch und Rechtfertigung aufs Familiäre beschränkt, wohl oder übel jener männlichen Denkgewohnheit entgegen, die der weiblichen Art den kleinen Raum des Hauses zuweist, um für sich selbst das weite Feld der Gesellschaft zu reservieren: „Solange man die Moralität der Frau für anders geartet hält und – im Vergleich mit der herrschenden Ethik – für stärker eingegrenzt, wird sie unweigerlich als eine nachrangige Form des moralischen Bewußtseins eingestuft werden.“[82]

Die verquere Logik kulminiert schließlich in der Zumutung, Frauen mögen doch darauf verzichten, Rechte durchzusetzen, weil so ihre schöne Seele Schaden nehme[83] – was, weil diese Seele nicht nur privater Besitz ist, sondern auch eine öffentliche Funktion erfüllt (für „Wärme“ sorgt), zur Staatsaffäre wird.

Aus seiner Defensive kommt ein Feminismus, der, auf mehr Lebensqualität bedacht, in „harte“ Männergeschäfte eine weibliche „Ethik des Sorgens“ verpflanzen will, nur dann, wenn er das Fundament austauscht und die psychische Disposition (des kleinen Mädchens) zum kategorischen Imperativ (für erwachsene Menschen) aufwerten kann. Carol Gilligan geht (wenngleich schwankend) diesen Schritt und läßt „die andere Stimme“ der Frauen zwar als empirisches Phänomen gelten (d.h., Männer „reden“ gewöhnlich anders), bindet sie aber weder unauflöslich an eine spezifisch weibliche Erfahrungswelt noch an den Lebensraum intimer Gemeinschaften – „nicht das Geschlecht, sondern der Gegenstand“ entscheidet, und „die Differenz zwischen zwei Denkmustern“ durchzieht im Prinzip alle gesell-

81 Nancy Hartsock, Money, Sex and Power, New York 1983, 257; ähnlich auch Eléanor H. Kuykendall, Toward an Ethic of Nurturance: Luce Iragaray on Mothering and Power, in: Joyce Trebilcot (Hg.), Mothering: Essays in Feminist Theory, Totowa 1984, 63ff., und Thomas E. Wartenberg, The Concept of Power in Feminist Theory, in: Praxis International, 8, 1988, 301ff.

82 Joan C. Tronto, Beyond Gender Difference. To a Theory of Care, in: Signs, 12, 1987, 644ff.(654).

83 John Hardwig, Should Women Think in Terms of Rights?, in: Ethics, 94, 1984, 441ff.

schaftlichen Sphären.[84] Was aus traditionellem Blickwinkel eine körperlich vorgegebene Funktion war, erscheint dem modernen Verständnis als kulturell eingebettete Dezision: „Als eine voll ausgebaute Moraltheorie wird die Ethik des Sorgens eine Kontext-Theorie sein. Das vielleicht wichtigste Charakteristikum einer Ethik des Sorgens besteht darin, daß sie moralische Situationen nicht in Begriffe von Recht und Verantwortlichkeit faßt, sondern als Beziehungen des Sorgens deutet. Die moralisch reife Persönlichkeit balanciert zwischen der Sorge um sich und für andere. In der Perspektive des Sorgens muß dieser Konflikt ausgetragen werden, ohne daß dadurch feste Bindungen zerstört würden. Moralische Probleme lassen sich als Gleichgewichtsprobleme verstehen – zwischen eigenen und fremden Bedürfnissen, zwischen Konkurrenz und Kooperation – und als Problem der Stabilisierung des Netzes von sozialen Beziehungen, in dem wir uns vorfinden."[85]

Freilich, so angepackt droht dem Unterfangen, die herrschende Moral des „Rechtens" durch eine Ethik des „Sorgens" abzulösen, ein schnelles und friedliches Ende, weil seine Ausgleichs-Philosophie kaum dafür taugt, jene Verhältnisse zu schaffen, in denen sie wirken könnte: vor lauter Sorge um den dicken Schädel der männlichen Platzhalter. Es ist hier wie „beim Marmorkuchen – immer hat er zu wenig Schokolade".[86] Frauen zumal, deren Erziehung auf Selbstverleugnung programmiert ist, haben da einen schweren Stand; vielleicht befreit sie erst die Verdoppelung ihrer Last und Erfahrung aus dieser psychischen Umklammerung.

Als dritte Alternative – nachdem die beiden anderen Projekte am Status quo kleben geblieben sind – bietet sich die wirklich radikale Lösung an.

4.3 Das kontingente Konstrukt

Neben den „rationalistischen" Standpunkt („Sie löst sich in Ihn auf dadurch, daß die Unterschiede der Geschlechter zur (männlichen) Figur des Jedermann verschmolzen werden") und zum „anti-rationalistischen" Credo („Sie wird konserviert, doch auf Kosten ihrer Fortentwicklung und Befreiung von

84 Gilligan, In a Different Voice..., 2; der besondere Akzent und die Schwierigkeit seiner Vermittlung werden nochmals deutlich in: Linda K. Kerber u.a., On „In a Different Voice": An Interdisciplinary Forum, in: Signs, 11, 1986, 304ff.

85 Tronto, Beyond Gender Difference..., 658.

86 Den kulinarischen Vergleich bringt Christine A. Littleton, Reconstructing Sexual Equality, in: Bartlett/Kennedy (Hg.), Feminist Legal Theory, Boulder u.a. 1991, 35ff.

den Konventionen der Weiblichkeit“) tritt das „post-rationalistische“ Paradigma: „Sie löst sich auf in eine verwirrende Vielfalt von Differenzen, von denen keine theoretisch oder politisch privilegiert werden kann.“[87] Es gibt eben nicht „die“ Frau, sondern die (beliebig) vielen.

Normalität, das ewig Weibliche, ist ästhetisch grau und politisch repressiv, „definiert durch Negation, Gegensatz, Beschränkung und Mangel“, alles verglichen mit dem Mann, definiert von ihm und zu seinem Nutzen.[88] In den Standard fließen jene falschen Natürlichkeiten ein, die der Frau jeden Ausweg aus ihrer Zweitklassigkeit verbauen: das metaphysische Postulat, daß es vor allem Denken und vor aller Gesellschaftlichkeit zwei Geschlechter [„sexes“] gebe, ausgestattet mit unterschiedlichen Wesensmerkmalen; und der wissenschaftliche Lehrsatz, daß vor allem Denken und unabhängig von der sozialen Ordnung Geschlechter existierten, gegründet auf biologischen, hormonellen oder genetischen Differenzen mit soziologisch bedeutsamen Folgewirkungen.[89]

An diesen Axiomen gibt es nichts herumzudeuteln – man kann sie nur akzeptieren oder demontieren, und postmoderne Feministinnen sind entschiedene „Trümmerfrauen“, die am Ende ihrer De(kon)struktionsarbeit nichts übriglassen. Es ist dann nur konsequent, wenn mit der Gattung auch der Begriff fällt: „Wir werden von *** sprechen müssen statt von ‚Frauen‘, um die (Nicht-)Bedeutung jenes Etwas zu bezeichnen, das unsere phallozentrische Struktur uns nicht zu sagen gestattet.“[90] Der neueste „Feminismus“ setzt sich Gänsefüßchen, weil ihm das Feminine abhanden gekommen ist; und er greift nach den Sternchen, weil er nicht, vielleicht auch nie weiß, was aus ihm wird – statt des Ewig-Weiblichen zieht uns das ewig Fließende hinan.[91]

Bei so viel voluntaristischer Unbestimmtheit – zumal einer, die mit dem männlich inspirierten Programm einer post-modernen „Alles geht“-Philosophie assoziiert ist, nimmt es nicht Wunder, daß manche den Verdacht schöpfen, hier würden Frauen den Ast absägen, auf dem sie sich gerade niedergelassen haben: „Irgendwie ist es stark verdächtig, daß ausgerechnet in dem Augenblick, da so viele Gruppen sich für ‚Nationalismen’ stark machen und dabei die marginalisierten Anderen neu bestimmen, Zweifel auf-

87 Di Stefano, Dilemmas..., 77.

88 Elizabeth A. Meese, Crossing the Double Cross, Chapel Hill 1988, 71ff.(75).

89 Monique Wittig, The Category of Sex, in: Feminist Issues 2, 1982, 63ff.(66).

90 Meese, Crossing..., 87.

91 Ein Prozeß, der nicht in ruhigen Bahnen aufwärts verläuft, sondern gekennzeichnet ist durch die permanente und konflikthafte Ablösung von repressiver Routine; s. dazu vor allem Judith Butler, Das Unbehagen der Geschlechter, Frankfurt 1991 (Orig.: Gender Trouble, New York 1990).

kommen hinsichtlich der Natur des ‚Subjekts', der Möglichkeit einer allgemeinen Theorie der Weltbeschreibung und des historischen ‚Fortschritts'. Woher kommt es, daß just zu dem Zeitpunkt, da so viele von uns, die vorher zum Schweigen verurteilt waren, damit begonnen haben, ihre Selbstbestimmung einzuklagen und nicht mehr als Objekte, sondern Subjekte der Geschichte zu handeln, daß ausgerechnet da der Subjektbegriff problematisch wird? Genau dann, wenn wir unsere eigenen Theorien über die Welt entwickeln, tauchen Unsicherheiten auf, ob man die Welt theoretisch überhaupt fassen kann. Ausgerechnet in dem Moment, wo wir über Veränderungen nach unserem Geschmack reden, fängt man an, die Ideen des Fortschritts und einer rationalen Gesellschaftsordnung für zweifelhaft, ja verdächtig zu halten".[92]

Wie eine Reaktion auf diese Kritik wirken die verstreuten Bemühungen, mit der Dekonstruktion etwas Konstruktives anzustellen: „Im Zusammenhang wechselseitig voneinander abhängiger (nicht-dominanter) Differenzen liegt jene Sicherheit, die es uns ermöglicht, in das Chaos unseres Wissens hinabzusteigen und mit einer wahrhaftigen Vision unserer Zukunft zurückzukehren..."[93] Selbstredend führt die archäologische Arbeit des destruktiven Geistes auf keinen sicheren Grund; vielmehr ist, was sie zutage fördert, eine letzte Unsicherheit: selbst die Einteilung in Geschlechter erweist sich als keine ganz natürliche Sache.[94] Daher führt das Postulat: „Wir müssen alles neu erfinden" (Annie Leclerc), konsequenterweise dazu, diese Trennung abzuschaffen: die (Wieder-)Geburt der „Androgynie".[95]

Androgyne Charakterbildung verwirklicht beides, hohe Beliebigkeit und strenge Verbindlichkeit. Einerseits herrscht völlige „Plastizität" – allen ist alles möglich: „Das gesamte Spektrum der Charaktermerkmale, die bisher als entweder exklusiv männlich oder exklusiv weiblich identifiziert worden sind, sind tatsächlich allgemein menschliche Wesenszüge, die lediglich beliebig und historisch dem einen oder anderen Geschlecht zuge-

---

92 Nancy Hartsock, Foucault on Power: A Theory of Women?, in: Nicholson (Hg.), Feminism/Postmodernism..., 157ff. (163f.); in das gleiche Horn stößt Isaac D. Balbus, Disciplining Women: Michel Foucault and the Power of Feminist Discourse, in: Jonathan Arac (Hg.), After Foucault, New Brunswick 1988, 138ff.

93 Audre Lourde, Sister Outsider, Trumansburg 1984, 111f.

94 Vgl. Andrea Dworkin, Women Hating, New York 1974.

95 Dazu kurz und bündig: Ann Ferguson, Androgyny as an Ideal for Human Development, in: Mary Vetterlin-Braggin u.a. (Hg.), Feminism and Philosophy, Totowa 1977, 45ff.; daß auch liberale Gerechtigkeitsvorstellungen auf androgynem Gelände enden können, demonstriert Susan Moller Okin, Justice, Gender, and the Family, New York 1989; hierzulande ist Androgynie vor allem durch Elisabeth Badinters Plädoyer (Ich bin Du, München 1987) ins öffentliche Bewußtsein gelangt.

schrieben worden sind. Dank dieser Einsicht können wir uns jedes Merkmal nach freier Wahl aneignen."[96]

Andererseits mündet – unter dem Diktat eines geschlechterübergreifenden Ideals – das weite Feld menschlicher Möglichkeiten in die schöne neue Welt androgyner Homogenität: „Man schafft die androgyne Gesellschaft und erhält das ideale androgyne ‚Produkt'", in einem „undifferenzierten Zustand der symbiotischen Einheit".[97] Der soziale Mechanismus, dem die politische Formierung der mentalen Anarchie gelingt, entstammt dem weiblichen Reservoir: „Insbesondere muß das Gemeinschaftsdenken, in modernen Zeiten hauptsächlich eine Sache der Frauen und auf den privaten Bereich bezogen, dem öffentlichen Leben stärker eingeprägt werden".[98]

Davon abgesehen, daß im zweiten Schritt die dekonstruktiv entsetzten Räume so dem stickigen Regime der Identität und einer klebrigen „Tyrannei der Intimität" (Richard Sennett) anheimfallen könnten,[99] ist auch das Problem des ersten Schritts damit noch keineswegs bewältigt. Bildlich gesprochen: Alleine das Wissen darüber, wohin die Reise gehen soll, setzt den Zug nicht in Bewegung – „soziale Institutionen, Strukturen, und Praktiken wie Texte zu behandeln, die man nur dekodieren muß, um sich ihrer dann zu entledigen", reduziert den dornenreichen Umbruch auf eine federleichte Kopfgeburt. Noch jedesmal ist das Unterfangen, hierarchische Verhältnisse endgültig zu überwinden, daran zerbrochen, daß es „überdeterminierte" Lagen angetroffen hat: „Es sieht so aus, als ob uns Hierarchien noch einige Zeit begleiten, falls wir nicht auf allen Vieren gehen, die Sprache aufgeben, ebenso das Privateigentum und die Arbeitsteilung, dazu alle sozialen Abstraktionen wie das Geld abschaffen, weiterhin aufhören, in Begriffen vom Ganzen und seinen Teilen zu denken, und schließlich auch die biologischen Unterschiede überwinden".[100] Hierarchien mutieren demnach bestenfalls, und da sie dem Prinzip nach zur männlichen Seite des menschlichen Wesens gehören, würden weibliche Dekonstruktions-Sehnsüchte gleich doppelt enttäuscht.

---

96 Carol C. Gould, Private Rights and Public Virtues: Women, the Family, and Democracy, in: Gould (Hg.), Beyond Domination..., 3ff.(15).

97 Jean Bethke Elshtain, Against Androgyny, in: Anne Phillips (Hg.), Feminism and Equality, 139ff.(144, 153).

98 Gould, Private Rights..., 17.

99 Der Gerechtigkeit halber sei angemerkt, daß die androgyne Bilanz auch den „männlichen" Distanz-Effekt als Posten aufführt – er soll im Gegenzug das private Leben auflockern.

100 Martin Jay, Hierarchy and Humanities: The Radical Implications of a Conservative Idea, in: Telos 62, 1984/85, 131ff.(140, 141f.).

4.4 *Große Worte und kleine Kriege*

Was bringt nun das emanzipatorische Angebot für Frauen, die in Amerika Glühbirnen verpacken, in Kanada oder England Kinderkleider nähen, in Tübingen den Postabgang erledigen oder überall an der doppelten Last tragen, unter drückenden Verhältnissen „zwei Arbeitstage" aus sich herauspressen zu müssen? Natürlich haben sie nichts davon – „weibliche" Probleme und „feministische" Lösungen liegen Welten auseinander. Aber das war eigentlich von Anfang an klar: „Er will ja keine emanzipierte Frau ... zuhause nicht" (I, 120)[101] – klarer läßt sich die Distanz nicht benennen, und auch nicht ihre vielleicht wichtigste Quelle.

Die Lagebeschreibung der Arbeiterin bringt noch eine andere Erfahrung ans Licht: Das konventionelle Leben schlägt nicht irgendwann in ein emanzipiertes um, sondern entwickelt sich Schritt für Schritt dahin – und den Schnitt machen in diesen Kreisen andere: Er akzeptiert, wenn Sie sich begrenzt absetzt („einmal in der Woche, manchmal auch zweimal"), geht aber „auf die Barrikaden", sobald daraus ein „Dauerzustand" zu werden droht.

Die Kosten der Freiheit gleichen einer „Sprungfunktion": phasenweise erträglich, schnellen sie schlagartig nach oben, sobald Frauen „überdrehen": zum Beispiel, wenn der Gleichheitsanspruch eine überlebenswichtige Ehe zerstört, das Weiblichkeitsethos in endlose Hausfrauen-Öde umschlägt, die androgyne Vorkämpferin als abstoßendes „Mannweib" verschrieen wird. Wer wollte dann noch dem Luxus der feministischen Denkungsart frönen? Einige vielleicht, viele andere können sich Konsequenz „sans phrase" nicht leisten: sie müssen prekäre Kräfteverhältnisse beachten, labile Machtbeziehungen balancieren, die Chancen ihrer Zwänge ausloten und den Spielraum der doppelten Last erobern. Wie immer Frauen entscheiden – „die Sorge um sich" (Michel Foucault) kann ihnen niemand abnehmen.

Andererseits: Der tägliche Kampf, ausgetragen als ehelicher Streit und betriebliche Gegenwehr, geht um „Emanzipation", ein in diesen Kreisen nicht selbstverständlicher Wert. Zwar mögen sich hinter dem großen Wort mancherlei Motive verbergen, darunter auch ganz traditionelle Vorstellungen von Moral, Fairneß, Anstand; doch allein, daß die Vokabel Konfliktlinien ziehen hilft, spricht für einen zwar vagen, doch geglückten Anschluß ans feministische Programm – das denen „da unten" ein gesellschaftsfähiges und „transformatives" Ideal zur Verfügung stellt: „Das tiefste Paradox

101 Das ganze Zitat findet sich auf S.44

der Bewußtseinsarbeit wie ihr wichtigster Effekt bestehen darin: sie leuchtet die Sackgassen unserer Gesellschaft aus und bestätigt alleine dadurch, daß es für Frauen eine andere Wirklichkeit gibt und geben kann. Im Effekt definiert dieser Prozeß den Frust der Frauen neu – er resultiert aus ihrer Situation und existiert keineswegs deshalb, weil sie verrückt oder unangepaßt, hormonell gestört oder undankbar oder gar alle Schlampen wären. Die Erfahrung, daß man entwertet und nicht wertlos ist, tut gut."[102] So gesehen ist jene „Sorge um sich" doch keine reine Privatsache.[103]

102 MacKinnon, Toward..., 100.

103 Selbstredend nimmt der „trickle down"-Effekt auch handfestere Formen an: Rechts-Reformen oder Tarif-Fortschritte können denen zugute kommen, die nicht mitgekämpft haben.

5. „Die Sorge um sich"

Wenn der Eindruck stimmt, daß Frauen, diejenigen wenigstens, um die es hier geht, „souveräner" sind; und wenn sie diese – freilich prekäre – Souveränität ihrer doppelten Verankerung in zwei Lebens-/Arbeitswelten verdanken; dann liegt ein einfaches Kalkül nahe: die Multiplikation von „Nöten" müßte, solange individuelle Belastungsgrenzen nicht überschritten werden, zur Perfektion der „Tugend" führen.

5.1 Das Ich...

In der Tat bewegt sich dieser Gedanke auf bekanntes Terrain zurück, nämlich das liberale Verständnis von persönlicher Autonomie.[104] Ihm zufolge ist Freiheit das Resultat einer „Kunst der Trennung", die darin besteht, Gesellschaft in eine „Welt von Mauern" zu verwandeln, deren jede einen bestimmten Lebensbereich gegen andere abschottet. Getrennt werden Staat und Kirche, Wissenschaft und Staat bzw. Kirche, öffentliche und private Sphäre, Politik und Wirtschaft etc.pp.; eine geglückte Separierung zeigt sich sachlich dadurch, daß jeder Sektor nach seiner eigenen Logik funktioniert; auf der personalen Ebene kann man sie daran erkennen, daß „der Erfolg in einem institutionellen Bereich auf einen anderen nicht übertragen werden kann."[105]

---

104 Vgl. Michael Walzer, Liberalism and the Art of Separation, in: Political Theory 12, 1984, 315ff.

105 Walzer, Liberalism..., 321. Von solchen Umkehr-Verhältnissen berichtet im übrigen schon Georg Simmel: „Indem die Höhen der Stellungen, welche ein und dieselbe Person in verschiedenen Gruppen einnimmt, von einander völlig unabhängig sind, können so seltsame Kombinationen entstehen, wie die, daß in Ländern mit allgemeiner Wehrpflicht der geistig und social höchststehende Mann sich einem Unteroffizier unterzuordnen hat..." (in: Gesamtausgabe, Bd.2, Frankfurt 1989, 242). Was damals noch „seltsam" gewirkt hat, nennen wir heute „frei" – eine seltsame Freiheit.

Die liberale Welt der Mauern schafft mit jedem Geviert einen weiteren „Tummelplatz“, auf dem das Individuum nach den je geltenden Gesetzen und im Rahmen der je existierenden Hierarchien aktiv werden kann. Das *liberale* Subjekt, um seine Souveräntität besorgt, wird die Offerten der ausdifferenzierten Gesellschaft umfassend nutzen, zahlreiche Felder besetzen, viele Loyalitätsbeziehungen eingehen – so daß keine Institution es vereinnahmen kann, weder physisch noch moralisch.[106]

Sollte diese Beschreibung die Lage des Individuums in liberalen Umständen zutreffend wiedergeben, dann wäre es ein Rätsel, wie die (innere) Überlegenheit der *weiblichen* Souveränität entsteht. Denn unbestreitbar ist, daß im Durchschnitt den Männern mehr Felder offenstehen: neben dem Beruf eben auch der Stammtisch, Kegelclub oder Sportverein, das Gewerkschafts- und Parteileben, endlich ihre Familie als letzter Hort der Ab-Reaktion. Augenscheinlich macht es die Pluralität alleine nicht aus; eine Rolle spielt auch, wie sie genutzt wird.

Im Vergleich zeigt die „Mikrophysik der Macht“[107], worin *eine* Differenz liegt. Auch sie kommt zu dem Befund, daß Menschen von multiplen Machtbeziehungen durchschnitten werden und dem entstehenden Machtgeflecht Freiheitsgrade abgewinnen können – „es gibt keine Macht ohne Widerstände; diese sind umso effektiver, als sie genau dort ansetzen, wo Macht ausgeübt wird. Widerstand muß nicht von außen kommen, um real zu sein, noch macht es ihn automatisch wirkungslos, daß er zusammen mit der Macht auftritt. Daß er am selben Ort praktiziert wird, macht ihn umso realer; und er multipliziert sich mit der Macht...“.[108] Während hier der gewöhnliche Alltag als eine Serie von kleinen *Kriegen* abläuft – die weibliche Variante –, vollzieht sich das liberale Leben der Männer in einer Kettenreaktion kleiner *Fluchten*: den Frust des Arbeitsplatzes tragen sie in an den Stammtisch; falls ihre Laune dort kein Ventil findet, mag der Sportplatz helfen, und wenn da die Falschen verlieren, steht es ihnen immer noch frei, sich daheim abzureagieren (dies karikiert zwar den Sachverhalt, aber verfälscht ihn nicht). Solchen Fluchtexistenzen hilft in der Tat, wenn eine Pluralität voneinander unabhängiger An- und Auslauf-Stationen vielfältige Kompensationsmöglichkeiten offeriert, während mehr als zwei „Schlachten“ zu schlagen – Beruf plus Hausarbeit –, augenscheinlich die Kräfte überfordern würde.

---

106 Die Verbindungslinie von der institutionellen Pluralität zur moralischen Autonomie wird von Michael Walzer gezogen; vgl. seine: Notes on Self-Criticism, in: Social Research 54, 1987, 33ff.

107 Foucault, Überwachen..., 38ff.

108 Michel Foucault, Power/Knowledge (Colin Gordon Hg.), New York 1980, 142.

Ein *zweiter* Unterschied kommt zum Vorschein, sobald man das Innenverhältnis der Souveränität, den „rapport à soi“ (Michel Foucault), betrachtet, also jenen „inneren Monolog“ im stabilen „Herzstück der Subjektivität“,[109] der immer wieder die Lebensbilanz zieht. Dem liberalen Menschenbild zufolge gibt es ein „tiefes Selbst“,[110] das, von den Einflußströmen der Gesellschaft unerreicht, „negativ“ frei seinen Willen walten läßt, also mal dieses, mal jenes (Erlaubte) tut, ohne von der Qualität seiner Aktivitäten affiziert zu werden.

Schon Hegels Herr-Knecht-Metapher markiert den anderen Standpunkt, dem es wichtig ist, wie eine(r) mit der „Freiheit“ umgeht. Wenn Er seine Ruhe haben will, während Sie kocht; Er den Wagen versorgt, Sie das Kind; Er ausgibt, Sie haushält, Er „einen drauf“, Sie die Wäsche macht etc.pp., dann kristallisieren sich völlig unterschiedliche, wiewohl gleichermaßen „liberale“ Persönlichkeiten heraus. Während die männliche Existenz, darin „herrisch“, auf Kosten Anderer unselbständig bleibt, folgt die weibliche Praxis dem Prinzip, „wonach man ‚für sich selbst sorgen‘ muß“ – im doppelten Sinn.

Foucault[111] hat dieses Prinzip in der klassischen Antike ausgegraben, und damals stand dem immer strebend sich Bemühenden das Ideal einer „vita contemplativa“ vor Augen – „ich unterhalte mich allein mit mir und meinen Büchern“, so hat Plinius sein perfektes Glück beschrieben.[112] Doch die Lektüre war nicht einfach Spaß, sondern Pflicht, Teil eines Kanons, der auf persönliche Vervollkommnung hinzielte und buchhalterisch genau abgelebt wurde: „Welchen Mangel in dir hast du heute gut gemacht? Welchen Fehler hast du bekämpft? In welcher Beziehung hast du dich gebessert?“ – so prüft am Abend der um sich selbst Besorgte seinen Tageslauf.[113]

Auch später, als moderne Zeiten heraufzogen und mit ihnen Weltanschauungen, denen eine „vita activa“ der *nützlichen* Energieverausgabung am Herzen lag, hat die „Sorge um sich“ das Gewissen reguliert: „Prüfe den verlebten Tag“, schärfte Benjamin Franklin, legendärer Prophet der Arbeitswut, sich und seinesgleichen ein, wobei er keinen Zweifel daran läßt, daß nur rastlos tätige Menschen den Tag am Abend loben dürfen.[114]

---

109 Ian Hacking, Self-Improvement, in: David Couzens Hoy (Hg.), Foucault. A Critial Reader, New York 1986, 235ff. (236).

110 Den Begriff verwendet Jana Sawicki, Feminism and the Power of Foucauldian Discourse, in: Arac (Hg.), After Foucault..., 161ff.(173).

111 Michel Foucault, Die Sorge um sich, Frankfurt 1989, 60, 65.

112 Vgl. Foucault, Die Sorge..., 67.

113 Vgl. Foucault, Die Sorge..., 84.

114 Benjamin Franklin, Lebenserinnerungen, München 1983, 129. Niedergeschrieben wurde die Autobiographie zwischen 1771 und 1789.

„Verliere keine Zeit; sei immer mit etwas Nützlichem beschäftigt; entsage aller unnützen Tätigkeit", war Franklins stete Rede;[115] sie sollte aber nicht besagen, daß, wer neben Windeln auch mal Worte wechselt, automatisch Schaden an seiner (d.h. ihrer) Seele nähme. Im Gegenteil: „Unterhalte dich mit Musik, Lesen, Gespräch und Zerstreuung", lautet die Direktive für den sinnvoll verbrachten Abend.[116]

Fazit: Die Sorge um sich wechselt mit den Zeiten auch die Ideale – kein Begriff vom richtigen Leben gilt für ewig. Indes, ihr Grundgedanke, *Arbeit an sich durch Arbeit an etwas*, hat überlebt.[117] Frauen praktizieren ihn, wenn sie aus der Not eine Tugend (der Not) machen.

5.2 ...und die Anderen

Indessen, nach allen Umständen, die den Gang des weiblichen Subjekts begleitet haben, kann auch das Ich, dem sein eigenes Wohl vorgehen soll, nicht mehr wie eine ganz private Seele behandelt werden – *selbst, wenn es sich so fühlt.*[118] Dort, wo diese Diskrepanz besteht, verlangt sie nach Aufhebung. Moralisch nimmt man dann Anstoß an der „Befreiung im Singular": „Es scheint so, als sei die Sorge um sich aller anderen Sorge vorgeordnet, so als sauge diese Sorge jeden Gedanken an die Anderen, die Mitlebenden, die Fremden, die Fernen in sich auf, als werde das Ich zum exemplarischen Vertreter der ganzen Menschheit."[119]

In dieser Sicht versündigt sich „das trotzige Bestehen auf den sog. Bedürfnissen des Ichs" nicht bloß an bestimmten, ja allen (weiblichen) Ande-

---

115 Franklin, Lebenserinnerungen..., 123.

116 Franklin, Lebenserinnerungen..., 123. Noch weiter treibt den gleichen, bürgerlichen Geist die Bibel des deutschen Frühliberalismus, Rotteck/Welckers Staats-Lexikon. Dort heißt es unter dem Stichwort „Arbeit": „Der vollkommenste Zustand des Menschengeschlechts, den sich in dieser Beziehung die Vernunft denken kann, ist wohl der, wenn es dahin gelangt, alle übermäßig anstrengenden Geschäfte durch Naturkräfte zu verrichten, wenn somit dem Menschen nur noch so viele körperliche Anstrengung übrig bleibt, als ihm zu seinem körperlichen Wohlbefinden notwendig ist, und wenn jeder Mensch in die Lage gesetzt ist, sein Leben in einem Wechsel von geistigen und körperlichen Anstrengungen, von geistigen und körperlichen Genüssen hinzubringen." (Staats-Lexikon Bd.1, Altona 1843, 605).

117 Wobei dieses „Etwas" auch ein „Jemand" sein kann – bekanntlich erfordern „Sorge"-Projekte, die über das pure Sentiment hinausgehen, eine ganze Menge „Arbeit", auch und gerade in dem gemeinten Sinn des Umgangs mit komplexen Problemen.

118 Hacking, Self-Improvement..., 236.

119 Christina Thürmer-Rohr, Befreiung im Singular, in: Streit, 2, 1990, 51ff.(51).

ren,[120] sondern verstößt ganz grundsätzlich gegen das Emanzipationsinteresse der Gattung: „Könnte es sein," fragt rhetorisch die kritische Stimme, „daß das Autonomiestreben eines schmalen, mitgebrachten Ichs, dieser gesollten Miniaturform des Menschen, des Ichs der erwünschten Frau, verhängnisvoll wird, wenn diese sich von einer verkümmerten, zutiefst mißverstandenen Autonomievorstellung leiten läßt, im Sinne des: Ich-lebe-aus-was-in-mir-ist; Ich-entfalte-mich; Ich-stärke-mein-Ich-wenn-ich-mich-mit-mir-befasse oder wenn ich-in-mich-hineinsauge-was-genau-so-ist-wie-ich. Könnte es sein, daß mit dieser Art Ichzentrierung die Frau weiter in die Enge der Weiblichkeit gerät, daß sie die Enge historischer Weiblichkeit weiterträgt und den Weltverlust der Frau weitertreibt?"[121]

Die Gefahr gattungsweiter Regressivität soll aus dem spezifischen Defekt einer narzistischen „Tyrannei der Intimität" erwachsen: Sein Glück und nichts anderes suchend, richtet sich das weibliche Geschlecht häuslich in eifersüchtig reservierten Zonen und auf sorgsam umhegten Feldern ein, ohne zu durchschauen, daß es so Monopole der *Ohnmacht* erobert. Die Sorge um sich würde in den Verzicht mit Anderen abgleiten.

Angesichts solcher Kritik könnte man die mißtrauische Frage Nancy Hartsocks[122] genauso gut auch umdrehen: Wie kommt es, daß Frauen ausgerechnet in dem Moment, da sie ihre besonderen Interessen artikulieren, zu hören bekommen, ihr Heil liege in allgemeinen Prinzipien?

Daß die Bedenken diesmal in den eigenen Reihen laut werden, verschafft ihnen einen gewissen Legitimitätsvorschuß. Es ist denn auch nicht schwer, sich Frauen vorzustellen, deren sentimentale Selbstbespiegelung nervt; oder andere, auf dem bürgerlichen Karriere-Trip und ausgestattet mit männlicher Egozentrik.[123] Diskreditieren sie den Grundsatz der „Sorge um sich"? Kaum, denn er besagt im (Außen-)Verhältnis zu den hohen Idealen – hier speziell: der „Solidarität" – ja nur, daß jede Frau prüfen soll, was aus ihr wird, wenn *sie* ihnen folgt. „Die weiße Frau in den Wohlstandszivilisationen" (Christina Thürmer-Rohr) wird mal so, mal so entscheiden, vielleicht auf Kosmetika, Seifen und Milchpulver, Fast Food, Medikamente,

---

120 S. dazu auch Maria Mies, Patriarchat und Kapital, Zürich 1988, wo die – gewöhnlich vernachlässigten – Frauen der Dritten Welt ins Zentrum der Rücksicht treten.

121 Thürmer-Rohr, Befreiung..., 56.

122 Vgl. Anm. 89.

123 Christina Thürmer-Rohrs anderes Feindbild (56f.), das nach dem Prinzip des „Jeder ist seines Glückes Schmied" konstruiert ist, und daher offenkundig einen anderen „Singular" freisetzt, als es die narzistische Gefühligkeit tut.

Küchenmaschine, Mikrowellenherd verzichten,[124] wenn aber sie aus ihrer Not eine Tugend machen will, geht es nicht immer ohne. Zum Beispiel: Fast Food – muß man daran vorübergehen, weil „Hamburger" den Nahrungskonzernen nützen und Rinderherden den Regenwäldern schaden? *Nach Möglichkeit* ja, doch nicht „als Frau" oder in Ausführung einer „bewegten" Losung und auf Kosten des eigenen, eh' schon strapazierten Energiehaushalts, dem zusätzliche Zeit fürs Kochen abgepreßt würde.[125]

Um die *kontingente Solidarität* eines souveränen Nachfragefeminismus[126] zu charakterisieren, offeriert (erst) der Sprachschatz des postmodernen Diskurses passende Kategorien. Eine davon ist *Ironie*: „Ironikerinnen", schreibt Richard Rorty, diesen weiblichen Charakter absichtsvoll gegen „den" Metaphysiker setzend, sind Leute in einer „metastabilen" Position – „nie ganz dazu in der Lage, sich selbst ernst zu nehmen, weil immer dessen gewahr, daß Begriffe, in denen sie sich selbst beschreiben, Veränderungen unterliegen; immer im Bewußtsein der Kontingenz und Hinfälligkeit ihres abschließenden Vokabulars, also auch ihres eigenen Selbst"[127] – darum auch nicht permanent um dasselbe Selbst in Sorge.

Stellt sich die ironische Kunstfigur auf den Boden der weiblichen Tatsachen, dorthin, wo zum Reiz laufender Verwandlung das Ärgernis des ewig Gleichen tritt, dann wird sie eine Praxis fortdauernder Optimierung wählen: auf ihre weibliche Identität fixiert, solange diese Beharrlichkeit nützt, und offen für „artfremdes" Verhalten, sobald das mehr verspricht (was meist nicht von heute auf morgen passiert). Solidarität mit anderen verliert dadurch ihre tyrannische Intimität und den „geborenen" Mief, gespeist aus der Illusion einer perfekten Harmonie bedingungsloser „Schwe-

---

124 Das fordert Maria Mies, um „die Konzerne" daran zu hindern, den perversen Konsumstandard westlicher Mittelstands-Frauen der Dritten Welt überzustülpen; in: Patriarchat..., 268.

125 Das heißt nicht, daß die Kampagne gegen Fast Food verstummen müßte; schon darum nicht, weil sie neben guten Gründen auch den heilsamen Effekt hat, manche – aber eben nur manche – Frauen im Kampf um eine neue innerhäusliche Arbeitsteilung zu stärken: wenn es Ihm schon nichts ausmacht, daß er seine Frau leiden läßt, dann motiviert Ihn vielleicht der leidende Wald, daheim mit Hand anzulegen. Richard Rorty (in: Kontingenz, Ironie und Solidarität, Frankfurt 1989, 316) spricht vom nützlichen Wert eines „focus imaginarius" – wie *der* Menschlichkeit, Wahrheit, Kunst oder eben auch Ökologie –, dessen *scheinbare* Unbedingtheit uns zu guten Taten inspiriere. Aus dieser Warte kann es übrigens auch sinnvoll sein, *die* Weiblichkeit ins Feld zu führen.

126 Im Gegensatz zu Thürmer-Rohr, Befreiung..., 53, wo ein „Angebotsfeminismus" gegeißelt wird, der dasselbe meint, aber anders bewertet: die souveräne Umsicht von Frauen, sich einer Bewegung nach Bedarf zu bedienen, kann auch als „flacher" Opportunismus durchgehen.

127 Rorty, Kontingenz..., 128.

sterlichkeit".[128] Frauen nehmen dann auch mal Frauen aufs Korn: Sallie Westwood berichtet vom diebischen Spaß, den ihre Textilarbeiterinnen daran fanden, „obszöne Bilder von Penissen und nackten Männern anzufertigen, die dann Namen bekamen und herumgereicht wurden, in der Hoffnung, daß sich andere Frauen darüber empören und irgend etwas unternehmen würden".[129] Offenkundig „gibt es keinen Jux auf privater Basis" (Westwood) – Ironie setzt Solidarität voraus.

Der ironische Gestus läuft freilich Gefahr, die Leichtigkeit des Seins soweit zu treiben, daß er einem verkrusteten Status quo am Ende nichts mehr entgegenzusetzen hat als den souveränen Schein „dekonstruierter" Anpassung – dann wäre „die Treue zu gesellschaftlichen Institutionen", wie sie, bei aller Artistik, einer idealen „Ironikerin" am Herzen liegt, tatsächlich das prekäre letzte Wort.[130] Passive Distanz verlangt, soll sich etwas ändern, nach aktiver „Subversion" (Judith Butler).

Weil es gewöhnlich „um Worte im Gegensatz zu Werken, um Überzeugungskraft im Gegensatz zu Gewalt geht",[131] wenn aus liberalem Geist Freiheiten erstritten werden, ist die Sabotage des Diskurses das adäquate Mittel kleiner Kriege.[132] So kommt die *Parodie* zu ihrem Recht: Es gibt ein „subversives Gelächter" im Nachahmungseffekt parodistischer Praktiken, die „das Original, das Authentische und das Reale selbst als Effekte darstellen". Diese parodistische Wiederholung der Geschlechtsidentität deckt zudem die Illusion einer geschlechtlich bestimmten Identität auf, die als unergründliche Tiefe und innere Substanz erscheint."[133]

Wieder gibt es den linearen Transfer des heiteren Prinzips in die ernstere Praxis nicht – sie ist schließlich keine Kette parodistischer Anlässe. Aber man kann Gelegenheiten schaffen, zumal wenn es genügend Rückhalt gibt. Noch einmal Sallie Westwoods Erfahrungen: „Wann immer in der Abteilung Unsinn gemacht wurde, hat man Julie, Sally und Avril, zusammen mit ein paar anderen, mißtrauisch beäugt. Auf ihr Konto ging es, als unter allgemeinem Gelächter die Sirene einmal zehn Minuten vor Arbeitsschluß ertönte und zum Ärger des Managements den Betrieb leerfegte... Die Arbeiterinnen hatten einen irren Spaß daran, daß ihr schneller Exodus dem Ma-

128 bell hooks, Feminist Theory: From Margin to Center, Boston 1984, 43ff.

129 Westwood, All Day..., 91.

130 Rorty, Kontingenz..., 99f.

131 Rorty, Kontingenz..., 96.

132 Diese Strategie kann in mehrere Richtungen gehen. Eine davon kulminiert im Aufstellen von Gartenzwergen und wird von Hans-Magnus Enzensberger gefeiert (Zur Verteidigung der Normalität, in: Politische Brosamen, Frankfurt 1985, 207 ff.); sie ist nicht gemeint.

133 Butler, Das Unbehagen..., 215.

nagement so viel offensichtliche Pein bereitet hat. Über den Vorfall befragt, schüttelten alle bedächtig den Kopf, beeilten sich ‚zuzugeben', daß das eine ernste Sache sei und hielten den Mund".[134] Auch da braucht der befreiende Akt den *solidarischen* Halt – des sympathisierenden Publikums, das stimuliert, akklamiert, mitmacht.

Von solchen Späßen, die ironisch und parodistisch „Verhältnisse zum Tanzen bringen" (Karl Marx), nimmt „Gender Trouble" (Butler) seinen Ausgang. Hier ist das „schwache Geschlecht" am stärksten.

134 Westwood, All Day..., 91

6. Das strategische Spektrum

So weit, so gut – oder auch nicht. Denn die *Tugend* der Not ist eben an einen *Zustand* der Not gebunden. Arbeit am gebeutelten Ich, das ironische Spiel mit den miserablen Umständen und der parodistische Eingriff in versteinerte Verhältnisse sind alles andere als entspannte Übungen; zur euphorischen Feier „starker" Frauen, die gehärtet werden von dem, was sie nicht umbringt, besteht kein Anlaß.

Genügend Anlaß gibt es dagegen, einmal den Horizont (denk-) möglicher Strategien abzusuchen. Vielleicht existieren Ansätze, die mehr Erfolg oder mindestens weniger Leiden versprechen. Als erste Alternative drängt sich dabei – jedenfalls dem deutschen Blick – der gewerkschaftliche Weg auf, die gemeinschaftliche Organisation mit „den Männern" aufgrund des geteilten Schicksals, (lohn-)abhängig beschäftigt zu sein.

6.1 Die gewerkschaftliche „Beschlußlage"

Große Organisationen (wie die Gewerkschaften), in denen sich allerlei besondere Interessen auf den kleinsten gemeinsamen Nenner einigen müssen, der wiederum ständigen Irritationen einer „anderen Seite" (hier: der Unternehmer) ausgesetzt ist, tun sich schwer damit herauszufinden, was sie eigentlich fordern sollen. Ihre Präferenzbildung folgt daher meist hoch formalisierten Verfahren mit wasserdichten Resultaten: so daß „jedes Kind" wissen kann, was es will (wollen soll) – und davor geschützt wird, Versuchungen des Augenblicks zu erliegen, schnellen Genüssen, die jetzt verlockend erscheinen, später aber sauer aufstoßen. Gewerkschaftliche Positionen schreiben daher vor allem fest und reflektieren darin manches: die Vielfalt der repräsentierten Lagen und die Stärke der organisierten Interessen, geheiligte Errungenschaften und bewährte Routinen, strategische Öffnung und verstockte Beharrlichkeit, ergrauten Widerstand und „gefährliche Liebschaften". Qua Amt bündeln Funktionäre all das zu einer gewerkschaftlichen Beschlußlage, die sich dann ihrer Überdeterminiertheit wegen kaum mehr bewegt und einem straffen Korsett gleich den alltäglichen Kampf mit dem anderen Lager (wie im eigenen) fest umschließt.

Daß in diesem Gemenge das gewerkschaftliche Interesse an Frauen und damit das „geschlechtliche" Interesse der Frauen lange unter den Tisch gefallen ist, wird heute von niemand mehr bestritten. Selbst dem „hauptamtlichen" Gehirn leuchtet inzwischen vollkommen ein, daß sich hier etwas ändern muß: „Eine Entwicklung, die die Gewerkschaften in hohem Maße fordert", weiß ein führender Kopf der Bewegung, „ist auch das sich wandelnde Verhältnis zwischen den Geschlechtern, die – längst überfällige – Gleichberechtigung der Frauen. Das trifft uns zunächst selbst, denn – sind wir ehrlich – es handelt sich bei den Gewerkschaften in erster Linie immer noch um eine Männergesellschaft. Es gilt, mit Hilfe von Frauenförderplänen und anderen geeigneten Maßnahmen den bereits beschrittenen Weg konsequenter, intensiver noch fortzusetzen. Das wird nicht ohne Brüche machbar sein, es wird seine Ausstrahlung haben sowohl auf die gewerkschaftliche Politik, auf unsere Forderungen insgesamt als auch auf Formen der Arbeit, den Umgang miteinander, auch auf Aktions- und Mobilisierungsstrategien."[135]

Die Worte hört man wohl und für einmal klingen sie tatsächlich glaubwürdig, weil hinter ihnen nicht der vage Wunsch eines Mannes steht, seiner gewerkschaftlichen „Männergesellschaft" zu entfliehen, sondern das schmerzliche Wissen, daß Männer unter sich auf Dauer zu schwach sein würden, als daß sie ihre exklusive Gesellschaft behaupten könnten: Frau-Sein gilt, neben Jung- und Angestellt-Sein, als Indiz für eine real vorhandene, vital notwendige, gleichwohl immer noch unausgeschöpfte „Organisationsreserve".[136]

Eine völlig andere Frage ist, wieweit sich abstrakte Einsicht und programmatische Energie in alltägliche Praxis umsetzen lassen. Selbst sympathisierende Beobachterinnen des gewerkschaftlichen Geschehens ziehen bis in die allerjüngste Zeit eine überwiegend negative Bilanz, was das innerorganisatorische Meinungsklima angeht. Den Schritt vom „Nebenwiderspruch" mit nachrangiger Bedeutung zum Fortschrittsmaßstab aus eigenem Recht hat die Frauenfrage weder in der „Beschlußlage" getan noch gar im Tagesgeschehen vollzogen – trotz einer gewissen Aufweichung des traditionellen Materialismus zugunsten ideeller Bedürfnisse: „Die im weitesten

135 Lothar Zimmermann, Aufgaben der Tarifpolitik in den 90er Jahren, in: WSI-Mitteilungen, 44, 1991, 121ff.

136 Vgl. Ursula Müller, Das Ganze und das ganz Andere: Frauen – nur eine Organisationsreserve?, in: Gewerkschaftliche Monatshefte 10/89, 628ff.

Sinne des Wortes kulturellen Dimensionen des ‚Jahrhundertkampfes' um die Arbeitszeit haben in der arbeitspolitischen Debatte der Gewerkschaften inzwischen einen sehr viel höheren Stellenwert..., die Geschlechterfrage bleibt aber bisher immer noch weitgehend ausgespart. So weitet z.B. der Entwurf für das Aktionsprogramm der IG-Medien die Perspektive gewerkschaftlicher Arbeitszeitpolitik auf die Durchsetzung des 6-Stunden-Tages (‚unter Verteidigung der 5-Tage-Woche') aus; auch wird der Zusammenhang hergestellt zwischen Arbeitszeitverkürzung und ‚kulturellem Reichtum'... Der Zusammenhang zwischen Arbeitszeitverkürzung und Emanzipation verschwindet allerdings hinter der Absicht, durch Arbeitszeitverkürzung mehr Freizeit zur Entspannung für die Familie, für Freunde sowie für gesellschaftliche Aktivitäten zu schaffen. Wenn Männer die durch Arbeitszeitverkürzung gewonnene Zeit nur dafür nutzen", so endet dieses Schlaglicht, „wird es mit der Teilhabe von Frauen am kulturellen Reichtum nicht sehr weit her sein."[137]

Da haben die noch vergleichsweise fortschrittlichen Medien-Männer ein Gesellschaftsbild in den Köpfen, das vor falscher Nostalgie geradezu trieft: heile Familien, die sich friedlich entspannen (vermutlich auf gepflegtem Rasen unter blühenden Sträuchern); Väter, die regelmäßig ihre Kumpels treffen (wahrscheinlich beim Kegeln oder zu anderweitig gemütlichem Beisammensein); Eheleute auf dem Weg zu fortschrittlichen Aktionen oder bildenden Veranstaltungen, um das eigene Bewußtsein nach den jeweiligen Möglichkeiten zu stärken. So steht es auf dem Papier (und zwischen den Zeilen), so schlägt es sich in den alltäglichen Winkelzügen der gewerkschaftlichen Organisationspraxis nieder. Wo immer Frauen etwas in ihrem Sinne ändern wollen, müssen sie mit dem Ressentiment, ja der Sabotage männlicher Arbeits„kollegen" und Kampf„genossen" rechnen.

Am einzelnen Fall wird deutlich, wie sehr Frauen innergewerkschaftlich noch als Teil eines übergreifenden Ganzen angesehen werden – mit partikularen Anliegen, die sich am allgemeinen Gewerkschaftswohl relativieren lassen müssen und zudem ihrer biologischen Exklusivität wegen einen schwereren Stand haben als andere, *verallgemeinerbare* Spezialinteressen wie (z.B.) ein appetitliches Kantinenessen:

„Wir hatten", berichtet eine IG-Metallerin, „eine wichtige Auseinandersetzung über diesen eigentlich selbstverständlichen Antrag, betriebliche Frauenförderung ... über Ausschüsse des Betriebsrats in die Gänge zu setzen, wo also die ganze Organisation aufgejault" und der örtliche Bevollmächtigte gesagt hat, „das hat er noch nie gehört, das sei ja ganz neu, wie kämen die Frauen dazu und man könne doch nicht ... Also daran

137 Ingrid Kurz-Scherf, Von der Emanzipation des Brunnenmädchens in Heilbädern, in: WSI-Mitteilungen, 39, 1986, 537ff (546).

merkst Du, wie borniert diese Organisation oft ist bis zur betrieblichen Ebene, aber auch im Apparat. Es ist eine Selbstverständlichkeit, daß es einen Sozialausschuß im Betriebsrat gibt, es ist eine Selbstverständlichkeit, daß es einen Bildungsausschuß, Kantinenausschuß, Akkordausschuß gibt, und auf einmal, wo wir sagen Ausschuß für Gleichstellungspolitik im Betrieb, da gibt's einen Sturm der Entrüstung in der Organisation."[138]

Die Fronten erstarren weiter, wenn sich der männliche Egoismus in barer Münze auszahlt, so daß ihn über die gewöhnliche Verstocktheit hinaus ein handfester Materialismus stützt, der das Geschlechterverhältnis zum Nullsummen-Spiel macht und den „Hauptwiderspruch" in eine geheime Kumpanei verwandelt:

„Also die Abschaffung der Lohngruppe zwei" – Niedriglöhne für typische Frauenjobs – „ist ja schon mehrmals als Forderung aufgestellt gewesen, aber da die Arbeitgeber kein Interesse an der Abschaffung haben, haben die Arbeitgeber geguckt, was man Attraktives anbieten kann, daß diese Facharbeiter sich das sozusagen abkaufen lassen. Und das hat in der Vergangenheit auch immer funktioniert."

So die Klage einer anderen IG-Metall-Frau.[139] Und ihr Bericht macht außerdem klar, daß In-der-Gewerkschaft-sein Spuren hinterläßt, also nicht einfach eine bestimmte Position innerhalb des gesellschaftlichen Kräftefelds bezeichnet, sondern sich tief in das tägliche Leben eingraviert und den Frauen eine bestimmte, nämlich männliche Praxis aufnötigt:

„Konkurrenzverhalten, Allzeitbereitsein, immer wissen, wo's lang geht. Fähigkeiten, die wir zunehmend als Qualifikation betrachten, wie Skrupel, lieber dreimal mehr überlegen, differenziertes Herangehen an Probleme, zugeben können, daß man was nicht weiß oder nicht sicher ist – all diese Fähigkeiten, die gemeinhin eher als weiblich gelten, die gelten immer noch in unserer Organisation als was schrecklich Anrüchiges."[140]

Frauen laufen Gefahr (so diese Betroffene), „Männerimitate" zu werden, und wer das nicht will (kann, darf), geht auf Distanz zu „seiner" Gewerkschaft. Deren segensreiches Wirken wird dann zwar ganz abstrakt immer noch bestätigt – zwei Drittel glauben, daß es „ohne" kaum möglich sei, die berufliche Situation der Frau zu verbessern; doch deswegen Mitglied zu werden, fällt nicht vielen ein – eine erkleckliche Zahl hat „darüber noch nicht nachgedacht", genügend denken: „Ich vertrete meine Interessen lieber alleine", häufig stimmt man auch „in vielen Punkten mit der Gewerkschaft nicht überein."[141] Kurz: Die übergroße Mehrzahl der Frauen zieht eben doch ein distanziertes Verhältnis zur organisierten Bewegung vor, während

---

138 Simone Wenger, Die Doppelbelastung der Frau – eine Aufgabe für die Gewerkschaft, Diplomarbeit Konstanz 1991, 86.
139 Wenger, Die Doppelbelastung ..., 84.
140 Wenger, Die Doppelbelastung ..., 80.
141 Vgl. Müller, Das Ganze..., 634f.

gleichzeitig feministische Regungen wenn nicht gerade mehr Engagement, so doch weniger Indifferenz und Antipathie auslösen.[142]

Innerhalb des gewerkschaftlichen Lagers haben solche und viele ähnliche Befunde dazu geführt, daß die Sache der Reform den Status eines abstrakten Lippenbekenntnisses inzwischen hinter sich gelassen hat. Jedenfalls unterhalb der Oberfläche rumort es programmatisch, aber auch praktisch; und die Frage, ob sich Frauen mit der Organisation (dauerhaft) einlassen sollten, wäre nur unvollständig beantwortet, rückten – neben den Fossilien patriarchalischer Stumpfheit – nicht auch die aufschießenden Sprößlinge einer neuen Denkungsart ins Blickfeld.

„Gewerkschaften im Fortschritt: Individualisierung als Herausforderung" – so könnte die Devise der „weichen" Linie lauten, in deren Schlepptau auch die Frauen, wenngleich nicht „frauenspezifisch", so doch als ebenso vollwertige wie „eigenartige" Individuen zu ihrem Recht kommen würden.[143] Wie das genau funktionieren könnte, steht einstweilen noch in den Sternen. Doch zeichnen sich schemenhaft zwei Paradigmen ab, die einander idealerweise ergänzen.

Eine Option bestände darin, die *objektiven* Bedingungen individueller Frauenarbeit so drastisch zu humanisieren, daß ganz neuartige Chancen zur persönlichen Optimierung der (doppelten) Arbeitslast sich eröffnen – etwa nach dem Motto: „Eine gewerkschaftliche und betriebliche Arbeitszeitpolitik für Frauen sollte ohne Scheu vor Vielfalt an den differenzierten Arbeitszeitinteressen ansetzen und Differenzierung, Wahlmöglichkeiten und deren Absicherung zum Bestandteil eigener Strategie machen, statt sich nur defensiv zu den unternehmerischen Arbeitszeitflexibilisierungsbestrebungen zu verhalten." Das gilt vor allem für die ins Zeitkorsett eingezwängten Arbeiterinnen: „Ansatzpunkte für eine betrieblich-gewerkschaftliche Vertretung ihrer arbeitszeitlichen Interessen bieten allen voran eine weitere, drastische, kollektive Verkürzung der Wochenarbeitszeit unter Beachtung familiengerechter Umsetzungsformen sowie Regelungen, die eine erzwungene Teilzeitarbeit abwehren und prinzipielle, auch zeitlich begrenzte Wahlmöglichkeiten der individuellen Reduzierung oder Aufstockung des Arbeitszeitvolumens einräumen."[144]

Die *andere* Option konzentriert sich auf Strategien der *subjektiven* Befreiung und visiert ideelle Umstände an, unter denen es arbeitenden Frauen leichter fallen könnte, ihre legitimen Ansprüche auf Selbstentfaltung durch-

---

142 Vgl. Müller, Das Ganze..., 636.

143 Gudrun Trautwein-Kalms, Gewerkschaften im Fortschritt: Individualisierung als Herausforderung, in: Gewerkschaftliche Monatshefte, 8/90, 493ff.

144 Petra Frerichs u.a., Fraueninteressen im Betrieb, Opladen 1990, 503f.;

zusetzen: Denn „symbolische Interessen an Gerechtigkeit, Anerkennung, Achtung, Würde haben für Frauen eine große Bedeutung. Sie sind nicht Anhängsel materieller Interessen, sondern bilden in ihrer Verschränkung mit jenen häufig die emotional und motivational treibende Kraft für Interessenartikulation, Unrechtsempfinden und Empörung. Solche symbolischen Interessen müßten in der betrieblich-gewerkschaftlichen Interessenvertretung stärker beachtet und aufgegriffen werden" – damit am Ende auf organisiertem Wege eine Art „Gegenkultur kompensatorischer Anerkennung" entsteht.[145]

Falls Gewerkschaften auf den neuen Kurs einschwenken müssen – können sie es denn? Das Dilemma des ersten Weges liegt *einerseits* auf der Hand: er hängt nicht alleine vom eigenen guten Willen ab, sondern auch davon, welche hehren Zielvorstellungen der Gegenseite überhaupt abgerungen werden können. Die Spatzen pfeifen es von den Dächern, daß es da auf (un)absehbare Zeit schlecht aussieht und Forderungen einigermaßen radikalen Zuschnitts keine Aussicht auf Verwirklichung haben. Positiv gewendet: Es bedarf eines langen Atems, um die materielle Situation wie gewünscht zu verändern, und den haben vielleicht Organisationen, aber Menschen müssen in der Zwischenzeit sehen, wo sie bleiben – daher hat der Standpunkt jener, die ihre Interessen „lieber alleine" verteidigen wollen, durchaus etwas für sich. Kann aber die Organisation ihre idealen Vorstellungen nicht durchsetzen, beginnen Aushandlungsprozesse: bislang meist mit schlechten Aussichten für Frauen, denn deren Belange verschwinden allzu leicht im Verhandlungspaket. Man erinnere sich an das Problem-Management im Falle der unteren Lohngruppen und höre, wie der frauenfreundliche Gewerkschaftsführer den Individualisierungsrahmen absteckt: „Es geht um eine Fortschreibung, eine Anpassung des Normalarbeitsverhältnisses an die Bedürfnisse und Interessen der Arbeitnehmerinnen und Arbeitnehmer, nicht um seine Abschaffung. Gerade angesichts der neokonservativen Deregulierungspolitik muß das Normalarbeitsverhältnis Eck- und Bezugspunkt aller darüber hinausgehender Regelungen bleiben."[146] Es mag zwar sein, daß der Schutz gewerkschaftlicher Errungenschaften in eingegrabenen Stellungen besser gelingt, als wenn man zur Offensive bläst;[147] doch das Lob der „patriarchalisch deformierten" Normalarbeit[148] degradiert stillschweigend den weiblichen Standpunkt zur taktischen Manövriermasse.

145 Frerichs u.a., Fraueninteressen..., 501, 505.
146 Zimmermann, Aufgaben..., 125.
147 Die Gegenposition vertritt Kurz-Scherf, Von der Emanzipation...
148 Kurz-Scherf, Von der Emanzipation..., 538.

In dieser wie in allen anderen Hinsichten war (ist) der Status quo (auch) frauenfeindlich und seine Verteidigung macht ihn nicht besser.

Andererseits verdeckt die Bollwerk-Attitüde leicht, daß eine Individualisierung der materiellen Bedingungen im eigenen Lager nur grundsätzlich akzeptiert ist und en Detail bestenfalls auf geteilte Liebe stößt. „Für die Männer ist das eine Machtfrage", weiß eine Insiderin,[149] doch wenn die wieder und wieder zugunsten der Männer beantwortet wird, dann hat das viel mit Geschichte und geschichtlicher Erfahrung zu tun: „Vereinheitlichung und Geschlossenheit wirken bis heute in einer Unfähigkeit der Gewerkschaften nach, offene Diskussionen nicht nur zu dulden, sondern positiv zu fördern. Widersprüche und Konflikte" – die zwangsläufigen Folgen von Individualisierung – „auszuhalten, fällt immer noch schwer. Es überwiegt der Drang, alle aufgeworfenen Fragen schnell und einheitlich zu klären".[150]

In diesem festverbauten Umfeld kann das Programm der subjektiven Befreiung nicht anschlagen – oder doch nur auf pervertierte Weise. Jene „Gegenkultur kompensatorischer Anerkennung", hergestellt durch eine „auf die Gestaltung der sozialen Prozesse gerichtete ‚Beziehungsarbeit', die den Frauen Aufwertungs- und Anerkennungserfahrungen vermittelt, ihr Selbstbewußtsein und Selbstwertgefühl zu stärken hilft",[151] funktioniert vielleicht unter Bedingungen, die frei sind von materieller Belastung, frei von dauernden Einbrüchen banaler Not in sentimentale Exerzitien. Ebenso dürfte „eine Art Schulung in Selbstbehauptung und Befreiung von Ängstlichkeit"[152] aus dem pädagogischen „overkill" früherer Tage höchstens dann etwas lernen, wenn sie dem ehernen Zugriff der bürokratischen Organisation verläßlich entzogen bliebe.

Ohne solche Voraussetzungen kommt es für Frauen darauf an, erst einmal die Organisation zu schulen, von der sie sich nachher etwas sagen lassen. Und „das können halt nicht die Männer."[153] Frauen müssen dann freilich nach eigenen Handlungsmaximen suchen.

Die separierte „Sorge um sich" hängt natürlich mit dem Bild vom „Ich" zusammen, das Frauen haben (sollten). Außerdem geht es ja um Strategien für kleine Kriege ohne große Worte, will heißen: an alternative Verhaltens-

---

149 Vgl. Cornelia Girndt, „Frauen sind mehr als ein organisationspolitisches Potential", in: Die Mitbestimmung 10/1988, 531ff.(533).

150 Klaus Pumberger, Die Angst vor dem Individuum, in: Gewerkschaftliche Monatshefte 8/91, 485ff.(489).

151 Frerichs u.a., Fraueninteressen..., 505.

152 Frerichs u.a., Fraueninteressen..., 507.

153 So eine weitere IG-Metall-Frau, die in Wenger, Die Doppelbelastung ..., zu Wort kommt (87).

kriterien muß derselbe Maßstab angelegt werden wie an die konventionelle Option fürs gewerkschaftliche Engagement – sie sollen hier und heute Abhilfe versprechen, nicht erst für Zeiten, da unser/ihr Selbst auf ideale Weise de- und rekonstruiert ist.

6.2 „Die andere Stimme"

Statt auf die herrische Stimme organisierter Männer zu horchen, könnten Frauen zum Beispiel ihre eigene, „andere", belauschen. Vorzüge und Nachteile einer Strategie, die am sorgsamen „Wesen" des Weiblichen ansetzt und aus ihm Kraft schöpfen möchte für den Umgang mit einer männlich beherrschten Welt, sind umrißhaft schon deutlich geworden;[154] praktisch (historisch, empirisch) hat sich diese Ambivalenz seit langem abgezeichnet.

Einerseits ist die „weibliche Welt der Liebe und des Rituals" tatsächlich eine Quelle wechselseitiger Versicherung gewesen – Frauen erreich(t)en eine „emotionale Nähe", zu denen Männer offenbar nicht fähig sind.[155] Welcher gewöhnliche Mann könnte schon von seinesgleichen sagen: „Eine Freundin zu haben, die nach mir schaut und mit mir fühlt, die mit mir alle die kleinen Bedürfnisse teilt und an deren Busen man lachen und sich ausweinen kann – so eine Freundin würde die Last manch einer schweren Stunde erleichtern..."[156]

Andererseits: Die Nähe hilft, soweit sie reicht – eben nicht weit. Funktioniert hat sie in einer „sicheren und emphatischen Welt", begrenzt durch „das Heim, die Kirche und wechselseitige Besuche – diese endlose Wanderung der Frauen von einem Zuhause zum anderen, um einander Gesellschaft zu leisten." Wie tief auch immer die „andere Stimme" in der weiblichen Natur und/oder Funktion verankert sein mag um gehört zu werden, braucht

---

154 Vgl. 4.2. Im übrigen ist die Auseinandersetzung um Gilligans Entdeckung noch längst nicht beendet. Neuerdings hat sie auch die feministische Jurisprudenz erfaßt. Vgl. dazu vor allem Robin West, Jurisprudence and Gender; und Joan C. Williams, Deconstructing Gender; beide in: Bartlett/Kennedy, Feminist Legal Thought...

155 Carroll Smith-Rosenberg, The Female World of Love and Ritual: Relations between Women in Nineteenth-Century America, in: Signs, 1, 1975/76, 1ff.(24). Darüber, wie das separate Gefühl sich in eine „separate Sphäre" verdichtet hat, berichten u.a. Kerber, Women...; dies., Separate Spheres: Female Worlds, Woman's Place: The Rhetoric of Women's History, in: The Journal of American History, 75, 1988, 9ff.; und Barbara Welter, The Cult of True Womanhood, in: American Quarterly, 18, 1966, 151ff.

156 Vgl. Smith-Rosenberg, The Female World..., 14.

sie eine stille Umgebung, ungestört vom Lärm der Männer. Am besten eignet sich dafür der Mittelklasse-Haushalt der (herzens-)gebildeten „Nur-Hausfrau“, die, weitgehend frei von materiellen Sorgen, unter verwandten Seelen alltägliche Probleme reflektiert. Damit ist nicht gesagt, daß das Objekt dieser weiblichen Sorge nur Ornamentales wäre. Im Gegenteil: häuslich umsorgt werden müssen Menschen, nicht bloß Güter – „Heiraten und Geburten, Krankheit und Tod“, die Sorge um „heranwachsende Kinder und Erinnerungen an hingeschiedene Menschen“ stecken das Feld ab, auf dem sich die Frau bewähren muß.[157] Wenn dennoch bei aller „Tiefe“ der häusliche Beruf, so ausgeübt, das Odium einer gewissen „Flachheit“ bis heute nicht los wird, dann liegt das wohl an seiner doppelten Beschränktheit: auf den *sentimentalen* Umgang mit Sujets *im Hause*. Die Familie ist „der Hafen in einer herzlosen Welt“ (Christopher Lasch), eben ein Refugium für jene, die woanders und mit ganz anderen Schwierigkeiten beschäftigt, „ihren Mann stehen“.

Sehr praktisch werden Frauen mit dem Problem der zweigeteilten Welt dort konfrontiert, wo sie in die „herzlose Welt“ hinaus müssen oder wollen. Da erweist sich eine unmodifizierte Weib- und Häuslichkeit als permanentes Hindernis auf dem Weg zur Selbstbehauptung in der Fremde: „Wer für Menschlichkeit optiert, entscheidet sich dafür, jenes egoistische Verhalten zu vermeiden, ohne das es Status und Erfolg nicht gibt.“[158] Die fatalen Wirkungen der mentalen „Extrapolation“ treten in allen Welten auf und hinterlassen auch im Reich der Arbeit ihre tiefen Spuren. Es entsteht dort so etwas wie ein Syndrom der weiblichen Selbst-Verhausung, in dem sich Disposition, Kalkül und Pression unentwirrbar verquicken. Die *Disposition* resultiert aus einer langen Tradition:[159] Selbst die ganze, musterhaft egalitä-

157 Smith-Rosenberg, The Female World..., 10ff.

158 Joan C. Williams, Domesticity as the Dangerous Supplement of Liberalism, in: Journal of Women's History, 2, 1991, 69ff.(69).

159 Die folgenden Zitate entstammen der schriftlichen Fassung von Rosalind Rosenbergs Expertise im Rahmen des sog. „Sears Case“, in: Signs, 11, 1986, 757ff. Dieser (schon einmal erwähnte) Streitfall aus dem Jahr 1984 hat wie keine andere Kontroverse die feministsche Debatte in den USA angeheizt. Konkret ging es dabei um eine Klage der „Equal Employment Opportunity Commission“ gegen den Kaufhauskonzern Sears, Roebuck and Co., dem, belegt mit statistischem Material, nachgewiesen werden sollte, daß er Frauen systematisch diskriminiere, besonders: von anspruchsvollen, daher einträglichen Verkaufsjobs ausschließe. Die Klage wurde als unbegründet abgewiesen, weil es dem Konzern gelang, den Richter davon zu überzeugen, daß die Unterrepräsentation der Frauen nicht angebots- sondern nachfragebestimmt sei: Frauen verhielten sich aufgrund ihrer gesellschaftlichen Position „anders“ und würden jene – männerbeherrschten – besseren Jobs einfach nicht haben wollen, weil sie mit deren Anforderungen (psychisch und auch sonst) nicht klar kämen. Das Tüpfelchen auf dem „i“ dieser Raffinesse war, daß das Argument von Rosalind Rosenberg wissenschaftlich „veredelt“ wurde, die

re Geschichte Amerikas „hindurch hat es einen allgemeinen Konsens gegeben – auch unter den Frauen –,daß die Bedürfnisse der Familie für Frauen mehr zählen als eine Arbeit außer Haus. Dieses Selbstverständnis war so stark, daß verheiratete Frauen stigmatisiert wurden, wenn sie ohne Not zur Arbeit gingen." Damit noch nicht genug – selbst die berufliche Arbeit war von Anfang an geschlechtsspezifisch, und dieses Muster drückt dem weiblichen Engagement seinen Stempel auf: „Viele der Tätigkeiten, die Männer und Frauen heute verrichten, sind moderne Äquivalente dessen, was sie früher gemacht haben." Das heißt, das alte Muster hat den Sprung in die Moderne mehr oder minder heil überstanden: „Als Amerika sich gegen Ende des 18.Jahrhunderts zu kommerzialisieren begann, und Aufgaben, die früher im Haus anfielen, auf Büros und Fabriken übergingen, war es tendenziell so, daß die neu geschaffenen Jobs von jenen ausgefüllt wurden, die diese Art von Tätigkeiten schon vorher im Hause verrichtet hatten."

Die Tradition der häuslichen Fixierung hätte sich so kaum halten können, wäre sie nicht seit Beginn durch Strategien der sozialen *Pression* immer wieder neu belebt worden. Politische Strategien – „staatliche Politiken und Gesetze haben jene unterschiedlichen Arbeitseinstellungen, -ziele und -erwartungen, die man bei Männern und Frauen durch die gesamte amerikanische Geschichte hindurch finden kann, reflektiert und verstärkt" – treffen sich dabei mit sozialen Praktiken: „Die Rolle der Frau in der amerikanischen Gesellschaft und Familie hat die Herausbildung ‚fraulicher' Werte gefördert, die ihrerseits von den Frauen internalisiert und von der Gesellschaft zementiert worden sind." Diese Abspaltung der „weiblichen Sphäre" reproduziert sich bis in vielfältigste Details des täglichen Lebens: „Die ganze amerikanische Geschichte hindurch sind Frauen von frühester Kindheit an dazu erzogen worden, jene menschlichen Werte des Hegens und Pflegens zu praktizieren, die von der amerikanischen Mutter erwartet werden. ... Bis heute findet man in Büchern, Spielzeugartikeln, Annoncen, Fernsehsendungen, Kinofilmen und Illustrierten kindliche Geschlechtsrollen-Klischees, die von Eltern, Lehrern und Gleichaltrigen ausdrücklich oder stillschweigend verstärkt werden."

Erst auf dem derart umgrenzten Terrain können Frauen „wählen", d.h. freiwillig dieses oder jenes tun, wobei sie in aller Regel ein *Kalkül* verfolgt

---

sich auf Publikationen ihrer akademischen Opponentin (Alice Kessler-Harris) stützen konnte. Der Arbeitskonflikt verwandelte sich dadurch in eine feministische Wissenschaftskontroverse, eine ungemein erbitterte dazu; vgl. etwa Ruth Milkman, Women's History and the Sears Case, in: Signs, 12, 1986, 375ff.; Joan W. Scott, The Sears Case, in: dies., Gender and the Politics of History, New York 1988, 167ff.;und Joan C. Williams, Deconstructing... .

haben, das ihre Lebenschancen unter den je herrschenden Umständen optimieren sollte. Dementsprechend findet man in der Geschichte eine beschränkte Bandbreite weiblicher Reaktionen: „Vor dem 20. Jahrhundert war die doppelte Last, die traditionelle Frauenrolle auszufüllen und gleichzeitig Teil der Arbeiterklasse zu sein, so groß, daß Frauen und Mütter selten versucht haben, beides miteinander zu kombinieren." Heute erscheinen die sozialen Kosten der doppelten Last in einer anderen Nuance: „Da ihr berufliches Engagement noch immer durch Hausarbeit und Kinderversorgung beeinträchtigt wird, müssen viele Frauen – auf Kosten ihrer Verdienst- und Aufstiegsmöglichkeiten – eine berufliche Tätigkeit wählen, die sich mit ihren familiären Pflichten vereinbaren läßt." Und: „Selbst wenn Frauen ihr Einkommen maximieren wollten, begrenzt der zeitliche Aufwand für Hausarbeit und Kinderversorgung ihre Optionen auf dem Arbeitsmarkt. Viele Frauen müssen Jobs mit flexiblen Arbeitszeiten wählen, um nebenher noch ihre Pflichten zuhause (bzw. das, was sie dafür halten) erfüllen zu können."

So sieht, auf einen knappen Nenner gebracht, das bekannte Schicksal der Frau aus, wenn sie ihre wahre Bestimmung im häuslichen Kreis und familiären Gefühl sieht. Es ist eine Ironie der Geschichte, daß den defensiven Lebensstil eben jene „gehobenen" Kreise erfunden haben, die ihn heute am ehesten wieder ablegen können, während die ärmeren „Schwestern" massenhaft darin gefangen sind: „Obwohl während des letzten Jahrzehnts sich Lebensstil und Einstellungen rapide gewandelt haben, halten sich weiterhin traditionelle Werte. Insofern es überhaupt eine Tendenz hin zu gleichberechtigten Ehen gibt und Frauen von ihrer primären Bindung ans Haus befreit, tritt diese Verschiebung am ehesten in akademisch gebildeten Schichten auf." Für alle anderen hat sich wenig geändert.[160]

Heißt das, daß sich schöne Gefühle (in der einen Sphäre) mit nüchternen Interessen (in der anderen) nicht vertragen, so daß erfolgs- bzw. einkommensorientierte Frauen gezwungen wären, ihre bessere Hälfte zu opfern? Oder gibt es Kompromißlösungen, die beide „Dimensionen" so miteinander verknüpfen, daß sie zusammen gelebt werden können, besser jedenfalls als es vielen Frauen gegenwärtig möglich ist? Wenn heute „gleichberechtigte Ehen" gedacht und – mehr oder minder konsequent – praktiziert werden, dann reicht diese Errungenschaft für eine positive Antwort per se nicht aus: Falls Sie, um des beruflichen Fortschritts willen, Ihn kopieren muß („Männerimitat"), bleibt das Gefühl auf der Strecke.

Von anderswo kommt überraschend eine bessere Nachricht. Das populäre (Vor-) Urteil nämlich, daß sich Liebe und Kommerz ausschließen wür-

160 Rosenberg in: Signs, 11, 1986, 766.

den – so daß man entweder das eine (als Frau) oder das andere (als Mann) haben kann –, widerspricht „klassischen“ Einsichten, denen zufolge Geld und Glück durchaus miteinander zu vereinbaren sind, ja sich gegenseitig sogar bedingen und bestärken: erst nachdem das kommerzielle Motiv „der baren Zahlung“ (Karl Marx) seine eigene Sphäre erkämpft hatte, konnte der sentimentale Sproß in ganzer Reinheit keimen.[161] Mit dem „homo oeconomicus“ entstand, was kaum beachtet wird, auch die Figur des „man of feeling“,[162] und der war durchaus kein literarisches Kunstprodukt. Daß er heute Nachahmer gefunden hat, mag einem postmodernen „feeling“ zugeschrieben werden, das über die Vereinbarkeit mit dem kapitalistischen Alltag wenig sagt, weil es vorwiegend in elitären Zirkeln blüht. Aber es gibt auch *bezeichnende* Fälle – unwahrscheinliche, daher besonders aussagekräftige Exempel wie jenes feminine Ideal der „maskulinen Häuslichkeit“, dem um die Jahrhundertwende amerikanische Männer nacheiferten. Es etablierte „ein Verhaltensmodell, das Väter dazu brachte, daß sie für einige der täglichen Arbeiten, die bei der Kindererziehung anfallen, mehr Verantwortung übernehmen und mehr Zeit Zuhause statt am Arbeitsplatz verbringen, um mit ihren Söhnen und Töchtern zu spielen, ihnen etwas beizubringen und mit ihnen Ausflüge zu unternehmen. Ein häuslicher Mann würde außerdem die Abende eher mit seiner Frau als mit den Arbeitskollegen verbringen. Und wenn er auch nur ausnahmsweise den Staub vom Mantel wischen oder die Betten machen würde, so hat er doch, verglichen mit seinem Vater, bedeutend mehr übrig für Einzelheiten der Haushaltsführung und Kinderversorgung.“[163]

Kurz, die Rede von der Familie als des „Hafens in einer herzlosen Welt“ scheint tatsächlich den Nerv des modernen Lebens getroffen zu haben – Last und Frust des Kommerzes lassen auch im männlichen Körper eine „andere Stimme“ erklingen, – neben der einen: dem rauhen Ton des beruflichen Alltags. Die Vereinbarkeit der beiden Sphären, – Familie und Beruf, – ist daher keine Sache des Gefühlshaushalts, sondern der Arbeitsteilung: Männer *sind* sentimental, es käme nur darauf, sie an ihrer schwachen Stelle zu packen.[164]

---

161 Allan Silver, Friendship in Commercial Society, in: American Journal of Sociology, 95, 1990, 1474ff.

162 Vgl. Michael Gassenmeier, Der Typus des „Man of Feeling“, Tübingen 1972.

163 Margaret Marsh, Suburban Men and Masculine Domesticity, 1870-1915, in: American Quarterly, 40, 1988, 165ff. (166).

164 Die philosophische Dimension dieser Verallgemeinerung kommt zur Sprache in: Phyllis Rooney, A Different Different Voice: On the Feminist Challenge in Moral Theory, in: The Philosophical Forum, 22, 1991, 395ff.

Für die durchschnittliche Frau „an seiner Seite“ ist das freilich nur ein schwacher Trost. Denn erstens verfügt sie offenbar nicht über genügend psychische (oder andere) Ressourcen, um das häusliche Programm unabhängig von männlichen Launen gerecht(er) aufzuteilen – noch 100 Jahre nach der Entdeckung jener „maskulinen Häuslichkeit“ neigen „die Herzen der Männer“ eher zur bequemen „Flucht aus der Verantwortung“.[165] Zweitens läßt sich der Prozeß nicht einfach umkehren: daß Männer zu Hause fühlen, bedeutet keineswegs, daß Frauen im Betrieb führen – der Kommerz erzwingt das Sentiment, umgekehrt passiert zunächst einmal gar nichts.

Die „andere Stimme“ bleibt auch am Arbeitsplatz eine andere und kommt da gegen den Lärm des Geschäfts bestenfalls in stilleren Ecken an.

6.3 Der „kategorische Imperativ“

Heraus aus der Ecke und hinein ins Zentrum, offensiver Kampf um gleiche Rechte statt defensive Verteidigung zugewiesener Räume: diese Transformation des weiblichen Geistes bedarf, jenseits ihrer praktischen Bedingungen, passender Prinzipien, eben einer generalisierten Ethik, deren Maximen es unmöglich machen, Frauen umstandslos „different“ zu behandeln.

Kant bietet sich da an und ist in der feministischen Debatte nachgefragt worden, wenngleich spärlich.[166] Der universalistische Effekt, so etwa könnte die Generallinie einer kantianisch inspirierten Politik von und für Frauen lauten, „schließt jede Art von Handlung (und, weitergedacht, jede Form einer sozialen Struktur) aus, die im Umgang mit Anderen, implizit Rechte reklamiert, die wir nicht allgemein anerkennen wollen (und die wir daher auch den jeweiligen ‚Anderen‘ nicht einzuräumen gedenken). Dieses egalitäre Prinzip – freilich radikalisiert und von den traditionellen Annahmen über die moralischen Folgen biologischer Geschlechtsunterschiede gereinigt –, verdankt der Feminismus Kants Rationalitätsmodell“; ohne es verliert

165 Barbara Ehrenreich, The Hearts of Men: American Dreams and the Flight From Commitment, New York 1983 (dt.1984).

166 Vgl. etwa Jean Bethke Elshtain, Kant and Rational Politics: Woman as a Suspect Category, in: dies., Meditations on Modern Political Thought, University Park 1992, 21ff.; Ursula Pia Jauch, Immanuel Kant zur Geschlechterdifferenz, Wien 1988; Sabina Lovibond, Feminism and Pragmatism: a Reply to Rorty, in: New Left Review, 193, 1992, 56ff; und Onora O'Neill, Constructions of Reason: Explorations of Kant's Practical Philosophy, Cambridge 1989.

„die Forderung, Männer sollten ihr sexuelles Privileg aufgeben und wie menschliche Wesen leben, ihre zwingende Qualität."[167]

Bei Kant gipfelt die Idee der moralischen Rationalität im „kategorischen Imperativ" – hier soll also die feministische Befreiungskampagne einhaken. Mit welcher Aussicht? Dieser Imperativ verlangt vom vernünftigen, also jedem Menschen gleichgültig welchen Geschlechts,[168] er solle seine Aktivitäten an der Regel ausrichten: „handle nur nach derjenigen Maxime, durch die du zugleich wollen kannst, daß sie ein allgemeines Gesetz werde."[169] D.h., uns ist keine Handlung erlaubt, von der wir nicht wollen können, daß sie jedem oder jeder x-beliebigen Anderen auch zusteht. Der feministische Mehrwert des kantianischen Postulats steht außer Frage: es bedeutet – dem Prinzip nach – das Ende jeder Diskriminierung: Was für eine(n) gilt, muß für alle gelten.

Philosophisch mag man gegen diese Position einwenden, was Rorty kritisiert: daß sie die Menschen einem unangebrachten Rigorismus unterwirft, der dem feministischen Problem zudem völlig unangemessen ist. Um das schwache Geschlecht zu stärken, genüge ein ganz simpler, schlicht pragmatischer Entschluß: „Wir helfen einfach den Frauen, sich aus den Fallen zu befreien, die Männer für sie aufgestellt haben; wir helfen ihnen, jenes Machtpotential aufzubauen, das ihnen gegenwärtig fehlt; und wir helfen ihnen, eine moralische Identität als Frau zu finden."[170] Doch schon die Rhetorik des Standpunkts verrät seine Fragilität: aus ihr spricht jene „andere Stimme" der „mütterlichen" Sorge, doch dieses Mal ohne jedes sichere Fundament. Denn: „Wir" (Männer) müssen ja nicht, weder Sozialisation noch Tradition haben „uns" einen inneren (Helfer-)Drang eingeschrieben, auf den Frauen vertrauensvoll setzen können. Mangels „ethischer Gefühle" (Adam Smith) bedarf gerade das männliche Bewußtsein des äußeren Halts *moralischer Pflichten*,[171] am besten einzementiert in rechtlich fixierte Normen.

---

167 Lovibond, Feminism..., 69.

168 Die Verbindung von Geschlecht und Vernunft ist bei Kant eine komplizierte Sache, zumal seine Position im Laufe der Zeit tiefgreifende Veränderungen durchläuft. Über diese Windungen – denen nachzufolgen politisch überflüssig geworden ist, wenngleich sie in systematischer Hinsicht immer noch lehrreich sind – unterrichtet Jauch, Immanuel Kant....

169 Immanuel Kant, Grundlegung zur Metaphysik der Sitten, Stuttgart 1982, 68.

170 Richard Rorty, Feminism and Pragmatism, in: Michigan Quarterly Review, 30, 1991, 231ff.(237).

171 Von dieser Asymmetrie wußte schon Kant, wenngleich er sie in andere Begriffe faßt: danach sind Männer das von Natur aus „rohe" Geschlecht, dem moralische Fesseln mehr nottun als den intrinsisch tugendsamen Frauen; vgl. Jauch, Immanuel Kant..., 179ff.

Freilich wäre dafür zu sorgen, daß es dann nicht zu jenen „kodifzierten Klischees" kommt, die unter dem Mantel des Fortschritts die alte Ungleichheit einfach raffinierter fortschreiben. Dabei stößt man auf ein „Differenz-Dilemma" (in vielen Gestalten), das nicht immer einfach zu lösen ist: „Man betrachte etwa", so traktiert Martha Minow den bekanntesten (und einschlägigsten) Fall, „das Problem des Verhältnisses von Frau und Arbeitsplatz. Die biologischen Unterschiede zwischen den Geschlechtern mögen ausgespielt werden, um Frauenarbeitsplätze anders zu organisieren: zum Beispiel mit Schutzvorrichtungen gegen chemische Schadstoffeinwirkungen auf die Reproduktionsorgane oder durch Mutterschutzurlaub im Anschluß an eine Geburt. Spezielle Rechte für Frauen können allerdings negative Stereotype verstärken, die dazu benutzt worden sind, um Frauen von bestimmten Berufen auszuschließen und zu verhindern, daß sie in ein direktes Konkurrenzverhältnis mit Männern treten."

Andererseits: „Frauen, die schwanger werden oder in die Versorgung von Kindern eingespannt sind, sind Menschen, die im Hinblick auf die meisten Arbeitsplätze eine ‚Differenz' aufweisen" – und werden sie „gleich" behandelt, dann „kommen ihre Besonderheiten eben durch die Hintertür wieder herein – mittels neutraler Bestimmungen, die keinerlei Vorsehungen treffen für Schwangerschaft, Geburt und Erziehungsaufgaben."[172]

Dieselbe Sache ins Allgemeine wendend, sieht Christine Littlewood den springenden Punkt in der subtilen Tendenz des Gleichheitspostulats, „eben jene Themen, die für Frauen in ihrer konkreten weiblichen Erfahrung entscheidend sind, als Faktoren einzustufen, die außerhalb seiner Reichweite liegen." Die eingebaute Diskriminierung im Abstrakten ist immer wieder konkret praktiziert worden: wenn etwa ein Gericht (in dem Falle das höchste Amerikas) entscheidet, daß berufliche Benachteiligung, die sich Frauen wegen einer (möglichen, wirklichen) Schwangerschaft einhandeln, den Arbeitgebern erlaubt sein müsse – das sei keine Verletzung des Grundsatzes der Gleichbehandlung, weil Männer in dieser Hinsicht kein Risiko darstellen würden. Oder umgekehrt: Ein Arbeitgeber kann gegen den Mutterschaftsurlaub klagen, weil der, als Bonus für weibliche Arbeitnehmer, den Gleichheitsgrundsatz verletze (es sei denn, Männer bekämen für vergleichbare(?) Einschränkungen ihrer Arbeitsfähigkeit das gleiche Recht zugesprochen). Oder schließlich: Gerichte neigen dazu, in Scheidungsfällen Mann und Frau „gleich" zu behandeln, und erklären so für unerheblich, daß häufig Sie ihre „besten Jahre" an seiner Seite verbracht und ihre Energie für

---

172 Martha Minow, Making All the Difference, Ithaca 1990, 41.

seine Karriere und die gemeinsamen Kinder eingesetzt hat – weshalb ihr jetzt am Arbeitsmarkt bestenfalls schlechtere Jobs winken.[173]

Es stimmt, daß das Recht (samt der Rechtsprechung) sich so korrigieren ließe, daß diese „en passant"-Diskriminierung abgeschafft würde. Christine Littlewood z.B. denkt an eine „Kosten-Neutralisierung der Geschlechtsdifferenz". Nach diesem Prinzip käme es gar nicht darauf an, in welcher Hinsicht zwischen Mann und Frau gleiche oder unterschiedliche Voraussetzungen von Natur aus vorliegen; entscheidend wäre vielmehr, welche Nachteile dem (jeweils) schwächeren Geschlecht dadurch entstehen, daß es eine sozial normierte Aufgabe übernommen hat (etwa: Hausfrauen- vs. Berufskarriere) – solche gesellschaftlich bedingten Kosten des individuellen Lebenswegs wären rechtlich auszugleichen.[174] Wenn dann etwa über Ehescheidungen gerichtet würde, sollten Urteile als untere Grenze festlegen, „daß die gemeinsame Wohnung dem Ehepartner zugesprochen wird, der für die Kinder verantwortlich ist, und daß die Höhe des Unterhaltsgeld routinemäßig jenen wirtschaftlichen oder anderweitigen Nachteilen Rechnung trägt, die diesem Ehepartner am Markt und durch die Kindererziehung entstehen."[175]

So oder ähnlich könnte ein Rechtsschutz aussehen, der den Status der Geschlechter ausbalanciert.[176] Kants Terrain hätte man damit zwar, streng genommen, verlassen. Auf ihm werden allgemeine Pflichten, nicht gleiche Rechte ausgeheckt und nicht Nutzenerwartungen sondiert, sondern Moralstandards gehoben. Die feministische Revision des kategorischen Imperativs läßt eine volkstümliche, keine metaphysische Weisheit zurück: Was Du nicht willst, daß man Dir tu, das füg' auch keinem(r) Andern zu". Aber selbst die Strenge des pseudo-kantianischen „Gemeinspruchs" würde ausreichen für die gleichwertige Behandlung der weiblichen Sphäre.

Der Geist Kants wird „umfrisiert", die Problematik bleibt. Ob Pflichten oder Nutzen taxiert werden, beide Kategorien sind asexuell und lassen sich in neutralen Größen ausdrücken: dort der gute Grund, hier das gute Geld

173 Christine A. Littlewood, Reconstructing Sexual Equality, in: Bartlett/Kennedy, Feminist Legal Theory, 35ff.(43f.). Die ungleichen Auswirkungen einer Ehescheidung behandeln z.B. Martha Albertson Fineman, The Illusion of Equality, Chicago 1991; und Leonore J. Weitzman, The Divorce Revolution, New York 1985.

174 Littlewood, Reconstructing..., 46ff.

175 So Fineman, The Illusion..., 179. Andere, auch radikalere Vorschläge für eine „feministische Jurisprudenz" finden sich in Bartlett/Kennedy, Feminist Legal Theory.

176 In dieselbe Richtung geht der Vorschlag, im Falle von „realen" Differenzen „gleichwertige" statt gleiche Rechte zu etablieren; vgl. Drucilla L. Cornell, Gender, Sex & Equivalent Rights, in: Butler/Scott (Hg.), Feminists Theorize the Political, New York 1992, 280ff.

(manchmal auch die gute Gesundheit). „Making Difference Costless" beläßt die Differenz, lediglich an ihren Effekten, den Symptomen, wird herumgedoktert. Darauf von vornherein zu verzichten, wäre selbstredend Unsinn: „Das Recht", resümiert Vicky Schultz, „ist für uns einfach zu wichtig, um es aufzugeben."[177] Doch wird der feministische Fortschritt nur (oder hauptsächlich) auf dieser Ebene gesucht, dann gerät er unversehens unter den Druck des Rückschritts: zahlt es sich für Frauen nicht doch aus, an seiner Seite treu zu verharren, wenn die Emanzipation aus Scheidungsprozessen lediglich etwas mehr Kindergeld oder aus Arbeitsplätzen ein Stückchen mehr Sicherheit herauspreßt?

Die Antwort wird spezifisch, nicht kategorisch ausfallen. Sie hängt von den speziellen Umständen ab und verläßt damit das Reich der Universalien – vielleicht bis auf diese eine: „Es gibt keine Gewinne ohne Verluste; Attacken auf den Status quo zerstören neben Ausbeutung und Ungerechtigkeit auch vieles, was das Leben lebenswert, bunt und liebenswürdig macht; und in Wahrheit ist es so, daß niemand die Ergebnisse eines tiefgreifenden Wandels vorhersehen kann, auch wenn das Lager der Veränderung auf die besten aller möglichen Resultate fixiert ist."[178] Schlimmer noch, dem universalistischen Feminismus wird nun seinerseits angekreidet, er sei eine Ausgeburt *besonderer* Umstände: „Die ideologische Bedeutung, die der geschlechtlichen Arbeitsteilung zugemessen wird," konstatiert Elisabeth Fox-Genovese im Zuge ihres Vorschlags eines „Feminismus ohne Illusionen", „hat Frauen nachgerade verführt zu glauben, ihre persönliche Unterdrückung hänge mit ihrem Geschlecht zusammen". Damit seien einerseits die Handicaps der Rassen- und Klassenzugehörigkeit unter den Tisch gefallen, andererseits habe sich eine bestimmte Rassen- und Klassenerfahrung als allgemeines Deutungsmuster festsetzen können: „Weiße Mittelklasse-Frauen konnten so legitimerweise für alle Frauen sprechen. Diese Anmaßung hat für die Entwicklung einer feministischen Politik fatale Folgen gehabt. Indem der moderate Feminismus solchen Frauen das Recht eingeräumt hat, für die Frau zusprechen, ist er für wichtige feministische Anliegen blind geworden und damit auch inakzeptabel für schwarze Frauen und solche aus der Unterschicht, die ihre Repression hauptsächlich als Rassen- oder Klassenproblem begreifen."[179]

Der feministische Universalismus ist also zugleich *abstrakt* und *parteilich*. Manchen Frauen, deren Probleme in diese Abstraktion eingehen, kön-

177 Vicki Schultz, Women „Before" the Law: Judicial Stories About Women, Work, and Sex-Segregation on the Job, in: Butler/Scott, Feminists..., 297ff.

178 Jean Bethke Elshtain, Public Man, Private Woman, Princeton 1981, 306.

179 Elizabeth Fox-Genovese, Feminism without Illusions, Chapel Hill 1990, 18.

nen von ihm profitieren, andere bleiben außen vor – sie stoßen auf andere Widerstände, sind mit anderen Gegnern konfrontiert, müssen für sich andere Lösungen suchen, ja tragen unter Umständen sogar die Kosten des Fortschritts ihrer „Schwestern".

Rasse und Klasse haben Frauen auch mit Männer gemein – eine „wesentliche Weiblichkeit" (Elizabeth Spelman), die weiteren Eigenschaften vorgelagert wäre und daher als erste Quelle von Verallgemeinerungspostulaten dienen könnte, gäbe es demnach nicht. Kant hätte damit als feministische Autorität abgedankt. Bei Elizabeth Fox-Genovese erlebt er indes an einer anderen Front seine heimliche Auferstehung – doch da wird der Spiegel des kategorischen Imperativs den *„bewegten" Frauen* vorgehalten und erinnert sie – mit wahrhaft kantianischer Rigorosität – an ihre verantwortungslose Inkonsistenz: „Es ist nicht leicht, die Verteidigung des Rechts auf Abtreibung als einer privaten Angelegenheit damit in Einklang zu bringen, daß die Frauenbewegung andere Aspekte dessen, was traditionellerweise als Privatsphäre der Familie gilt, entschlossen demolieren will. Die meisten von uns begrüßen die wachsende Bereitschaft des Staates, Frauen und Kinder gegen sexuellen Mißbrauch und physische Gewalt von Ehemänner und Vätern zu schützen." Dieser Bruch – dort Leugnung, hier Verteidigung eines Ortes, an dem der Staat prinzipiell nichts zu suchen hat – ist ebenso frappierend wie ein anderer in gleicher Sache: „Das Abtreibungsproblem stellt Frauen vor die Aufgabe, mit den Widersprüchen ihres eigenen Denkens fertig zu werden – speziell mit dem zwischen der Fixierung auf einerseits mütterliche Nächstenliebe, andererseits individuelle Entscheidungsfreiheit. Der leichteste [genau besehen auch einzige] Ausweg wäre zweifellos, daß wir uns auf eine gemeinsame Definition des Lebens einigen." Ohne „diesen Konsens würde das Recht auf Abtreibung potentiell jede Frau ermächtigen, jene zu töten, die von ihr abhängen und ihre Energien abschöpfen – gebrechliche Eltern, tödlich kranke oder behinderte Kinder. Ohne einen solchen Konsens kann das Recht auf Abtreibung – das Recht der Frauen auf sexuelle Selbstbestimmung – logisch das Recht auf legalen Mord nach sich ziehen. Wie wäre diese Position mit dem Begriff der Frau als Verkörperung ‚mütterlichen Denkens' zu vereinbaren?"[180] Gleichzeitig eine humane Ethik der entsagenden Sorge und den uneingeschränkten Anspruch auf unbehinderte Selbstentfaltung zu reklamieren – das geht augenscheinlich nicht.

Man sehe sich zum Vergleich etwa Kants Argumentation im – nächstliegenden – Fall des Selbstmordes an: „Einer, der durch eine Reihe von Übeln, die bis zur Hoffnungslosigkeit angewachsen ist, einen Überdruß am

180 Fox-Genovese, Feminism..., 83f.

Leben empfindet, ist noch so weit im Besitze seiner Vernunft, daß er sich selbst fragen kann, ob es auch nicht etwa der Pflicht gegen sich selbst zuwider sei, sich das Leben zu nehmen. Nun versucht er: ob die Maxime seiner Handlung wohl ein allgemeines Naturgesetz werden könne. Seine Maxime aber ist: ich mache es mir aus Selbstliebe zum Prinzip, wenn das Leben bei seiner längern Frist mehr Übel droht, als es Annehmlichkeiten verspricht, es mir abzukürzen. Es fragt sich nur noch, ob dieses Prinzip der Selbstliebe ein allgemeines Naturgesetz werden könne. Da sieht man aber bald, daß eine Natur, deren Gesetz es wäre, durch dieselbe Empfindung, deren Bestimmung es ist, zur Beförderung des Lebens anzutreiben, das Leben selbst zu zerstören, ihr selbst widersprechen und also nicht als Natur bestehen würde, mithin jene Maxime unmöglich als allgemeines Naturgesetz stattfinden könne und folglich dem obersten Prinzip aller Pflicht gänzlich widerstreite."[181]

Elisabeth Fox-Genoveses *Mord*-Argument (Recht auf Abtreibung vs. Recht auf Leben) folgt genau derselben Logik und verdankt ihre Frauen-Spezifik lediglich der speziellen Art des Mordes; das *Ethik*-Argument (Sorge vs. Abtreibung) hingegen basiert auf einem „sexualisierten" Kant, d.h. es konstruiert eine exklusiv „weibliche" Inkonsistenz; das *Eingriffs*-Argument (staatliche Intervention vs. private Sphäre) wirkt wiederum geschlechtsneutral: es kann kein Recht auf Privatheit geben, das x-beliebige Entscheidungen schützt.

Dieser dreifache „Rückstoß-Effekt" des kategorischen Imperativs (auf die feministische Sache) bestätigt schlagend den ambivalenten Charakter einer generalisierten Programmatik. Die strenge Logik einer körperlosen Ethik verbietet alle (noch so nützlich scheinenden, noch so menschlich wirkenden, noch so emanzipatorisch hilfreichen) Akte, die, verallgemeinert, sich selbst widersprechen würden. Sie untersagt eine „lokale" Moral, deren Forderungen nur „hypothetisch" (Kant) gelten – fallweise, abhängig von konkreten Bedingungen und besonderen Kalkülen. Abtreibung nach einer Vergewaltigung? Nein, weil jede betroffene Frau sich fragen muß, ob es eine generelle Regel (soziale Generalisierung) sein könne, daß unerwünschtes Leben (sachliche Generalisierung) beendet werden dürfe. Das aber wäre letztlich das Ende des Lebens überhaupt (inklusive jenes der abtreibenden Frau, die vielleicht ein „Unfall" war). Den Frauen wird damit verboten, den befreienden Effekt von *Ambivalenz* zu nützen (etwa ingestalt eines nicht-

181 Kant, Grundlegung..., 68.

mörderischen Rechts auf Abtreibung).[182] Doch auch da, wo die „kategorische" Reichweite lokalisiert, d.h. nur auf *ein* Geschlecht allgemein angewandt werden soll, kann sich die feministische Bewegung des Kantschen Moralgesetzes nicht, wenigstens nicht ausschließlich bedienen: weil es dann, die Männer definitorisch vernachlässigend, jegliche Offensivkraft einbüßt und darüber hinaus den Frauen verbietet, den progressiven Gehalt von Widersprüchen auszuschöpfen.

So mag – mit Kants Hilfe – der „Feminismus ohne Illusionen" (Fox-Genovese) leicht in eine Illusion ohne Feminismus münden.

6.4 „Eine Art von crossing"

Ob (doppelt) arbeitende Frauen, ganz praktisch, sich nach gehabtem Muster einfach organisieren oder lieber den theoretisch denkbaren Alternativen vertrauen, die ihnen „Stimme" und „Imperativ" vorgeben: immer wird ihre Praxis dadurch kompromittiert, daß das weibliche *Wesen (un-)willkürlich* festgeschrieben wird. Charakter und Geschlecht gehen dabei zwar besondere, doch feste Verbindungen ein. „Frau" ist bestimmt durch Arbeit, Sorge, Recht – je nachdem. Damit ordnet sich der weibliche Kurs dem männlichen Plan unter, positiv wie negativ. Will heißen: Frauen sind als Subjekte definiert, die entweder *gleichziehen* oder *abgrenzen*, und beidesmal ist das bekannt männliche „Wesen" Referenzpunkt: seine Arbeit, seine Defekte, seine Rechte. „Der Kontext ist alles"[183] und wird hinterrücks zur Essenz.

Andererseits ist „Essentialismus" die Basis für konkrete Forderungen. Mit-Arbeiterinnen profitieren von der gemeinsamen Interessenvertretung, Moral-Anwältinnen können besondere Forderungen anmelden, Rechts-Personen haben Anspruch auf gleiche Behandlung: in dem Maße, wie aus solchen Fixierungen „positive politische Programme resultieren – die Ausweitung von Mutterschaftsurlaub, Quotenregelungen, Kinderhorts, Lohngerechtigkeit, Gesetze gegen sexuelle Belästigung oder bessere Gesundheitsvorsorge – leisten Feministinnen unschätzbare Dienste für die politische Praxis."[184] Diese Ambivalenz, die keine *konsequente* Programmierung

---

182 Vgl. dazu Joan Williams, Gender Wars: Selfless Women in the Republic of Choice, in: New York University Law Review, 66, 1991, 1559ff.

183 Vgl. Mary Dietz, Context is All: Feminism and Theories of Citizenship, in: Chantal Mouffe (Hg.), Dimensions of Radical Democracy, New York-London 1992, 63ff.

184 Dietz, Context..., 68.

zuläßt, scheint für einen *„strategischen Essentialismus"* wie geschaffen: verstanden als *politische* Reaktion mit dem Ziel, durch den taktischen Wechsel „wesentlicher" Festlegungen aus der jeweiligen Situation das Beste herauszuholen, etwa humanere Arbeitsbedingungen durch gewerkschaftliche Aktionen, Emanzipationsgewinne, wenn sich Frauen erfolgreich solidarisieren können, rechtliche Besserstellung unter Berufung auf liberale Werte. Der „strategische Gebrauch einer Wesensbestimmung wie ‚Frau' oder ‚Arbeiter' als Slogan oder Stichwort mit mobilisierender Wirkung" scheint beide Fliegen mit einer Klappe zu schlagen – es werden soziale Energien gebündelt, ohne daß das Engagement in eine „identitäre" Sackgasse münden würde.[185]

Das klingt wie ein Königsweg und wäre es vielleicht auch, wenn er so einfach zu gehen wäre, wie es auf den ersten Blick aussieht. Die erste Frage ist, ob Menschen sich derart virtuos instrumentalisieren und auf Geheiß jede beliebige Maskerade inszenieren können. Zweifel sind angebracht: „Wir können nun mal nicht einfach aus Geschlechterrollen aussteigen und nach Belieben wieder in sie hineinschlüpfen."[186] Genauer müßte es wahrscheinlich heißen: das geht vielleicht in der *Theorie*, doch die *Praxis* setzt solchen Wanderungen ganz enge Grenzen.

Mit der Theorie-Praxis-Differenz kann das feministische Standpunktdenken in zweifacher Weise umgehen. Niklas Luhmann empfiehlt, sie zu *stabilisieren*: das weibliche Denken ginge dann auf „Distanz zu den proklamierten Zielen der Bewegung, zu ihrer (wie immer konsensfähigen) Ideologie und damit zu der gesellschaftlichen Nische, die eine selbstreferentielle Organisation der Frauenbewegung ermöglicht und protegiert. Die Beobachtung geht nicht von den Zielen aus, denn das würde sie sofort in Anhänger und Gegner, Sympathisanten und Boykottierer spalten, je nachdem, ob man die Zielsetzungen akzeptiert oder ablehnt. Der Vorschlag ist, den Leitfaden der Beobachtung nicht in den Zielen, sondern in den Unterscheidungen zu finden, mit denen die Bewegung ihre Informationsverarbeitung strukturiert. Dann erscheint diese Nische als Ausschnitt aus einer weiteren Umwelt und der Beobachter kann sehen, daß die Frauenbewegung sieht, was sie sieht, und daß sie nicht sieht, was sie nicht sieht."[187] Also auf der einen Seite die politische Bewegung heißer Herzen „im Kampf um Planstellen, Einkommensanteile, Hausarbeitsabwälzung, Rentenausgleich usw.",[188] Kämpfe,

185 Gayatri Spivak, In a Word, in: differences, 1, 1989, 124ff.(127).
186 Drucilla Cornell, Beyond Accommodation, New York 1991, 182.
187 Niklas Luhmann, Frauen, Männer und George Spencer Brown, in: Zeitschrift für Soziologie, 17, 1988, 47ff.(67).
188 Luhmann, Frauen..., 69.

deren Erfolg von Organisation abhängt – doch organisieren lassen sich nur Frauen, die wirklich und nicht nur taktisch von ihrer „wesentlichen“ Gemeinsamkeit überzeugt sind. Andererseits: eine theoretische Anstrengung kühler Köpfe, die „Differenz von Reflexion und Organisation im Auge“, daher imstande, eine „Art von crossing in der eigenen System/Umwelt-Referenz“ zu handhaben.[189] *Crossing* bedeutet aus solcher Perspektive die Fähigkeit, „in der Bewegung die Bewegung so zu beobachten, als ob es von außen wäre“[190] – bis hin zu dem Punkt, wo die Mann-Frau-Differenz selbst zur Disposition gestellt wird.

Der soziale Effekt dieser feministischen Arbeitsteilung wird noch deutlicher in jener postmodernen Gestalt, die ihr Richard Rorty gibt. Danach spielt „die feministische Bewegung der Gegenwart die gleiche Rolle für den intellektuellen und moralischen Fortschritt wie etwa Platos Akademie, die Treffen der frühen Christen in den Katakomben, die unsichtbaren kopernikanischen Schulen des 17.Jahrhunderts, Arbeitertreffen, bei denen Thomas Paines Pamphlete diskutiert wurden, oder eine lange Reihe weiterer Klubs, die gegründet worden sind, weil neue Arten des Sprechens ausprobiert und genügend Moral aufgebaut werden sollte, um in die Welt hinauszugehen und sie zu verändern“.[191] Dem feministischen Diskurs wird attestiert, daß er eine avantgardistische Funktion erfülle, doch gleichzeitig stellt man ihm – explizit (Luhmann) oder implizit (Rorty) – die Bedingung, sich von seinem sozialen und politischen Umfeld zu separieren: als ob Feministinnen „ein exklusiver Klub von Hexen oder Verrückten wären“.[192] Dermaßen exponiert, verliert der theoretische Feminismus jede Anschlußfähigkeit nach draußen. Rorty sieht sehr wohl, welchen Risiken sich eine Avantgarde aussetzt, die ohne Rücksicht auf das „Gefolge“ nach vorne prescht: „Was dabei herauskommen kann, ist eine brutale Unterdrückung“ – wenngleich es unter günstigeren Voraussetzungen auch passieren mag, „daß nach einigen Generationen jene Herren, die das Sagen haben, erfahren, wie sich ihre Vorstellungen von den Möglichkeiten, die den menschlichen Wesen offenstehen, allmählich ändern.“[193] Kurzum: Feministische Traumfrauen nach Rortys oder Luhmanns Geschmack würden dieser Welt entsagen – und nur hoffen können, daß ihnen die Gesellschaft ein „re-entry“ irgendwann einmal ermöglicht.

---

189 Luhmann, Frauen..., 69.
190 Luhmann, Frauen..., 69.
191 Rorty, Feminism..., 247.
192 Nancy Fraser, From Irony to Prophecy to Politics: A Response to Richard Rorty, in: Michigan Quarterly Review, 30, 1991, 259ff.(263).
193 Rorty, Feminism..., 247f.

Das alles ändert nichts daran, daß eine „Art von crossing" passieren muß, wenn Frauen dem ehernen Käfig des männlich beherrschten Lebensstils entkommen wollen. Nur, der abgeforderte „Spagat" darf nicht so groß sein, daß er Theorie und Praxis gegeneinander isoliert, also von den konkreten Umständen des praktischen Lebens so weit wegführt, daß „verrückt" wäre, wer ihn wirklich wagen wollte – oder genauer: daß die (immer notwendige) Verrücktheit das Frauenmögliche überstiege. Ein behutsameres Verfahren des Verrückens – das die Differenz nicht stabilisiert sondern *flexibilisiert* – hat Luce Iragaray zur Diskussion gestellt: „Vielleicht gibt es in einer ersten Phase nur einen ‚Weg', jener der dem Weiblichen historisch zugeordnet worden ist: *Mimesis*. Man muß die weibliche Rolle bewußt annehmen – was bereits heißt, daß Subordination in Affirmation verwandelt und damit durchbrochen wird." Durch „mimetisches Spiel" macht die Frau „mittels eines Effekts der spielerischen Wiederholung ‚sichtbar', was unsichtbar bleiben sollte"; so eröffnet sich die Chance zu einem „*crossing durch jenen [männlichen] Spiegel hindurch, der alle Phantasie unterdrückt.*"[194] Das Muster dieser Übung verrät ihre Herkunft aus der Psychoanalyse: Unbewußtes wird ins Bewußtsein gerückt und dadurch seiner Klammerwirkung beraubt – was wiederum Platz schafft für eine befreite Phantasie, die sich nicht mehr nur in den symbolischen Formen des Männlichen (seiner Logik und Sprache) spiegelt. Mit der „reflexiven" Abnützung weiblicher Ressourcen wäre es dann vorbei, jedenfalls würde der eherne Reflektor löchrig.[195]

„Das Versprechen der *Mimesis*" ist nicht, daß das Rollenspiel, die bewußte Maskerade, den Frauen im Handumdrehen Emanzipation und Selbstverwirklichung bringen würde: „Wir können", stellt Drucilla Cornell für ihr Geschlecht klar, „nicht einfach erklären, daß wir dem Gefängnis entfliehen. Wir sind eingesperrt"[196] – wobei die Mauern des Denkens von den Wällen der Praxis zusätzlich gesichert werden. Zunächst geht es lediglich darum, daß jene „Wiederholungen" des alltäglichen Handelns (im Sinne Judith Butlers[197]) sich nicht zu einer perspektivischen Verfestigung oder „Kristallisation" (Arnold Gehlen) verdichten, sondern Anlässe werden, die den repressiven Zuschnitt des weiblichen Alltags vor Augen führen.

---

194 Luce Irigaray, This Sex Which is Not One, Ithaca 1985 (dt. 1979), 76f.

195 Nützliche Interpretationshilfen, die in diese Richtung gehen, gibt Margaret Whitford, Luce Irigaray: Philosophy in the Feminine, London 1991; dort erfährt man auch, daß alles natürlich ein bißchen komplizierter ist.

196 Cornell, Beyond Accommodation, 147f.

197 Butler, Das Unbehagen..., 190ff.

Freilich, diese Einsicht scheint den Frauen, seien sie nun in Postämtern oder Textilfabriken ausgebeutet worden, nicht fremd gewesen zu sein – offenbar wirkt die elende Praxis per se so aufklärerisch, daß sie mit der Theorie gleichziehen kann und „mimetisch" auf dem laufenden ist: Illusionen, denen Einzelne nachhängen mögen, werden kollektiv entdeckt (im „Diskurs", beim „Tratsch", durch „Schulung"), an „Affirmation" herrscht kein Mangel. Doch vor dem anschließenden Schritt, hinaus aus der „Unterwerfung", scheuen praktisch alle zurück, jedenfalls unternimmt ihn kein „normal" denkender Mensch in diesen Kreisen. Wo bleibt dann jener „disruptive Überschuß" eines verrückten Anderswo, den Luce Irigaray beschwört?[198] Das feminine „crossing" kommt „dort" nicht ohne weiteres an; es läuft vielmehr Gefahr, folgenlos zu verpuffen: „Wenn Frauen ein Bild zugeteilt wird, sie also repräsentiert werden, dann bedeutet das für Irigaray, daß diese Repräsentation innerhalb eines phallozentrischen Systems der Repräsentation stattfindet, das die Frau auf ein Spiegelbild des Mannes reduziert. Andererseits impliziert die weibliche Präsenz als weißer Fleck – als Weigerung, sich repräsentieren zu lassen – daß Frauen auf männliche Projektionen zurückfallen und sie stützen."[199]

Wie zieht sich Irigaray aus dieser scheinbar auswegslosen Affäre? Ihr dritter Weg, der „mimetisch" eingeleitete Ausbruch genau durch die blinden Flecken (des männlichen Spiegels), baut auf den subversiven Duktus weiblicher Rede, der dem logischen Zugriff entwischt: Worte „widersprechen sich, erscheinen etwas verrückt aus der Warte der Vernunft, sind unhörbar für den, der durch fertige Schablonen hört und über einen ausgearbeiteten Code verfügt. Mit dem, was sie sagt, wenn sie etwas zu sagen wagt, berührt sich die Frau ständig selbst. Ganz leicht stellt sie sich neben sich, mit einem Murmeln, einem Ausruf, einem Wispern, einem halbfertigen Satz ... Und zurückkehrend fängt sie von ganz woanders an. Von einem anderen Ort der Lust oder des Schmerzes."[200]

„Als-Frau-Sprechen: eine Geschichte, die von einer Idiotin erzählt wird?"[201] – sicher, gemessen an den männlichen Kriterien des roten Fadens und aufrechten Gangs; doch das soll ja eigentlich so sein, und der vernichtende Urteilsspruch wäre dann die erwünschte Auszeichnung. Indes, jener

---

198 Irigaray, This Sex..., 76ff.; In die gleiche Richtung ließe sich fragen, wo Judith Butlers „*et cetera*" der weiblichen Identität bleibt, will heißen: jene residuale Kraft, die den Komplex situativer Beschreibungen (Farbe, Sexualität, Ethnie, Klasse etc.), in denen Normalität eingelassen ist, transzendiert (Das Unbehagen..., 210).

199 Elizabeth L. Berg, The Third Woman, in: Diacritics, 12, 1982, 11ff.(17).

200 Irigaray, The Sex..., 29.

201 Die Frage stellt Toril Moi, Sexual/Textual Politics: Feminist Literary Theory, London 1991, 143.

Un-Sinn, in den männliche Sympathien (Luhmann, Rorty) die Avantgarde des weiblichen Geistes treiben wollen, verliert sich nicht dadurch, daß Hexerei und Idiotie verallgemeinert werden. Eine andere Frage ist daher, ob sich Frauen untereinander „als Frauen“ überhaupt identifizieren, geschweige denn verständigen können: „Bedeutet ‚Als-Frau-Sprechen‘ etwas, das durch eine biologische *Bedingung* festgelegt ist oder durch eine strategische, theoretische *Position*, d.h., durch Anatomie oder Kultur? Was wenn ‚Als-Frau-Sprechen‘ kein einfacher, natürlicher Sachverhalt wäre, deswegen nicht als etwas Gegebenes betrachtet werden könnte?“[202] Schließlich beklagt Luce Irigaray selbst jene „Naivität, derzufolge man nur eine Frau zu sein braucht, um außerhalb des phallischen Machtbereichs zu bleiben.“[203] Wenn denn tatsächlich „alles Kontext ist“, kann nichts Natur, apriorisches „Wesen“, sein – ein weiblicher Standpunkt schält sich unter solcher Voraussetzung eben nur dadurch heraus, daß Frauen in ähnlichen Umständen auf ähnliche Stimuli ähnlich zu reagieren gelernt haben: „Eine lange Geschichte hat alle Frauen den gleichen sexuellen, sozialen und kulturellen Bedingungen unterworfen. Welche Ungleichheiten immer Frauen untereinander aufweisen mögen, so sind sie doch alle der gleichen Unterdrückung, der gleichen Ausbeutung ihres Körpers, der gleichen Verweigerung ihres Begehrens ausgesetzt. Deshalb ist es für Frauen wichtig, daß sie zusammenfinden, und zwar ‚unter sich‘, um den Räumen, Rollen und Gesten zu entkommen, die ihnen eine Männergesellschaft zugeteilt und eingebleut hat. ... Darum ist es das erste Anliegen von Befreiungsbewegungen, in Frauen das ‚Bewußtsein‘ davon zu wecken, daß das, was sie als persönliche Erfahrung erlebt haben, von allen Frauen geteilt wird, *so daß diese Erfahrung politisiert werden kann.*“[204]

Das impliziert: Auch die feministische Gegenpraxis muß erkennen, differenzieren und vergleichen, kommt also um – stabile – *Unterscheidungen* nicht herum.[205] Bestünde weibliche Erfahrung nur aus „Berührung“, „Gleichzeitigkeit“, „Verflüssigung“,[206] bliebe sie auf verrückte Augenblicke und intime Kontakte beschränkt – „ihre einzige Freude wäre dann, sich hingegeben zu haben.“[207] Politisch wirksames – strategisches – „crossing“ setzt

202 Shoshana Felman, The Critical Phallacy, in: Diacritics, 5, 1972, 2ff.(3)

203 Irigaray, The Sex..., 81.

204 Irigaray, The Sex, 164.

205 Weshalb Irigarays Position sich dem „strategischen Essentialismus“ annähert; vgl. dazu: Diana J. Fuss, „Essentially Speaking“: Luce Irigaray's Language of Essence, in: Fraser/Bartky (Hg.), Revaluing French Feminism, Bloomington-Indianapolis 1992, 94ff.

206 Irigaray, The Sex..., 79.

207 Clarice Lispector, The Stream of Life, Minneapolis 1989, 45. In dieselbe Richtung tendiert Cornell, Beyond Accommodation, 147ff.

an den herrschenden Praktiken an, erschüttert diese und verleibt sich dabei deren Strukturen ein: Frau gegen Mann, Arbeiterin gegen Unternehmer (oder Unternehmerin), Postfrau mit (oder gegen) Postfrau etc.pp. Durchkreuzt werden müssen mehr oder minder konkrete *Erfahrungen*.

Solche Erfahrungen kleben, erstens, an vielgestaltigen Lagen und reflektieren diese Unübersichtlichkeit. Keinesfalls addieren sie sich zu einer „dicken" Universalität auf, die möglichst viele Leiden des weiblichen Geschlechts zusammenpackt, so daß möglichst alle Frauen „im Gleichschritt" ihre Freiheit erstreiten könnten.[208] Tatsächlich gibt es eine „flache" Frontstellung – den abstrakten Kampf der Geschlechter („global politics") – und parallel dazu viele „dichte" Kontroversen mit wechselnden Kontrahenten unter wechselnden Umständen („local politics").[209] Erfahrungen sind, zweitens, nicht simple Realitäten, die Strukturen mit Subjekten unmittelbar und unwillkürlich, gewissermaßen reflexhaft, verketten: „Was als Erfahrung zählt, ist weder selbstverständlich noch schlechterdings gegeben, sondern immer umstritten, daher politisch", eben eine interpretationsbedürftige Interpretation.[210]

Kurzum: Das Gewebe des Bewußtseins ist porös genug (und das Gehäuse der Institutionen hinreichend fragil), um widerspenstigen Geistern Lebensluft zu lassen – auch da, wo es auf den ersten Blick nicht den Anschein hat. Manche Reaktionen werden vom Spiegel des „phallokratischen" Bewußtseins eingefangen und folgen dem tradierten Muster: Subjekt-Prädikat-Objekt (gewissermaßen), alles eindeutig definiert, logisch verknüpft, konsequent durchgehalten, eben gut organisiert. Niemand kommt darum herum, der unter den Bedingungen des Status quo Interessen vertreten will – „Demonstrationen, Gesetzgebungsinitiativen und radikale Bewegungen müssen ihre Anliegen im Namen von Frauen vorbringen."[211] Doch die weibliche Perspektive reicht weiter, sie thematisiert Identitäten, problematisiert Grenzen und überschreitet darin den Radius des männlichen Denkens (das auch bestimmt, was „im Namen von Frauen" gefordert werden kann). *Wohin* das „crossing" führt, bleibt offen, ist kontextabhängig. Aber sagen läßt sich, *wie* es funktioniert, nämlich mimetisch und subversiv. Die Techniken dieser „Desistenz" (Drucilla Cornell) sind – Ironie und Parodie.

---

208 Judith Butler, Contingent Foundations: Feminism and the Question of „Postmodernism", in: Butler/Scott, Feminists ..., 3ff.
209 Vgl. Fuss, „Essentially Speaking"...
210 Joan Scott, „Experience", in: Butler/Scott, Feminists ..., 23ff.(37).
211 Butler, Contingent Foundations..., 15.

7. Fazit

Was wissen wir am Ende? Die Dialektik von Not und Tugend, soviel steht jedenfalls fest, widersetzt sich jeder einfachen Auflösung. Ein anderer Eindruck – von der *Leichtigkeit* des Seins – mag manches Mal aufkommen, wenn feministische Theoriezirkel, frei von Not und auf Tugend nicht angewiesen, männliche Widerstände gegen den weiblichen Befreiungskurs scharfsinnig „dekonstruieren", dabei aber nur Sätze (die Sprache) statt Sachen (die Verhältnisse) „zum Tanzen bringen". Dagegen steht dann der schwerfällige Kampf jener Frauen, die, im praktischen Leben stehend, mühsam ihren Alltag organisieren, froh um jedes Stückchen „Selbstverwirklichung", das dabei abfällt – häufig genug als Ergebnis von „falschem" Verhalten.

Das unvermeidliche Unbehagen spiegelt die alte Trennung von Kopf- und Handarbeit wieder – ein Sachverhalt freilich, der nicht einfach da *ist* (weil Denken mit Handeln nicht auf Befehl synchronisiert werden kann), sondern auch da *sein soll*, denn ohne diese Differenz würde sich nichts bewegen. Beide Pole sind notwendig, müssen in unterschiedlichen Mischungen zusammenspielen: wobei es aufs Spektrum ankommt, nicht den einzelnen Standpunkt, und die unvermeidlichen Spannungen produktiver sind als eine fabrizierte Harmonie („aller Frauen"). Denn feministische Fortschritte (im Sinne demolierter „Männlichkeit") werden um so eher erzielt, je mehr Stimmen – aus unterschiedlichen Ecken – laut werden.

Gleichschaltungsschritte sind kontraproduktiv – dies hat an der deutschen Debatte Niklas Luhmann klarsichtig diagnostiziert.[212] Aktion kann Reflexion nicht ersetzen oder aufsaugen, sie verlöre sonst ihre Perspektive, sei es als „autonome" Bewegung, sei es in irgendeiner organisierten Phalanx. Umgekehrt würden Reflexionen, von Handlungszwängen völlig entlastet, beliebige Selbstläufer, vorangetrieben durch sektiererische Querelen oder freischwingende Phantasmen.[213]

---

212 Luhmann, Frauen....

213 Dieser Versuchung scheint die amerikanische Theoriedebatte leichter zu erliegen, besonders dort, wo sie von der „französischen Krankheit" angesteckt worden ist. Anderer-

Was aber liefern „richtige" Theorie-Praxis-Mixturen? Es liegt auf der Hand, daß sich keine fest umrissenen Endzustände angeben lassen, sondern höchstens die grobe Richtung des eingeschlagenen Kurses – und sie nur negativ. „Desistenz", „Parodie", „Ironie" etc.: dies alles sind negative *Einstellungen* zu *herrschenden* Verhältnissen, nicht positive *Eigenschaften* einer *alternativen* Zukunft. Vielleicht sollte man sich, Michel Foucaults Anregung folgend, aufs Positive auch gar nicht kaprizieren, weil es, zur Macht gekommen, wieder despotisch wäre, egal wie gut-feministisch seine Züge sein mögen. Dann bliebe als einzig konstruktive Leitlinie eben – *Arbeit am Selbst*, denn noch weniger kann man nicht wollen. Im übrigen ist der Weg das Ziel.

---

seits fällt auf, um wieviel produktiver feministische Kontroversen drüben sind – hierzulande geraten Argumente rascher in den Sog von Bedeutungsträgern und Ordnungshütern des (besser organisierten, schmaler programmierten) Establishments.

Made in the USA
Las Vegas, NV
11 November 2024

11546919R00056